U0856398

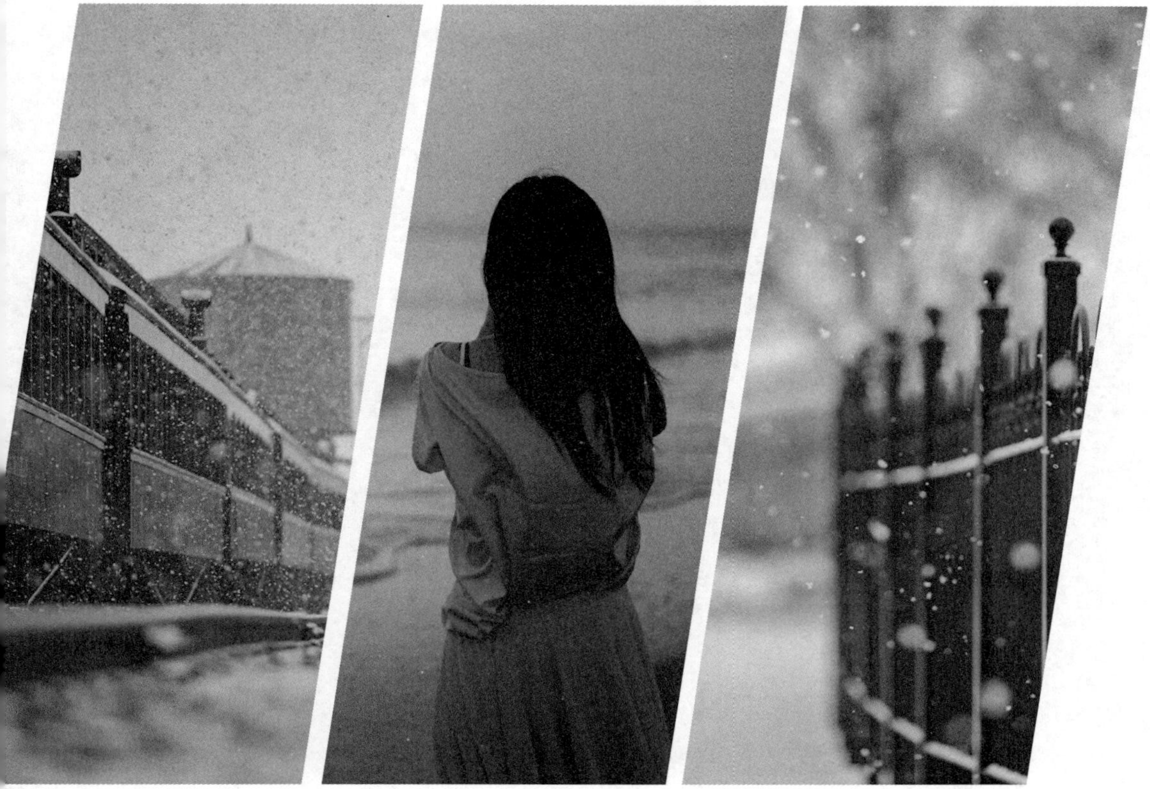

冬天的秘密

王俊凯
— 著 —

DONG TIAN DE MI MI
WANG JUN KAI

你看看我，再看看远方
你觉得，你不属于我，而属于那个远方。

图书在版编目（CIP）数据

冬天的秘密 / 王俊凯著 . —哈尔滨：北方文艺出版社，2018.5
ISBN 978-7-5317-4105-3

Ⅰ . ①冬… Ⅱ . ①王… Ⅲ . ①诗集－中国－当代
Ⅳ . ① I227

中国版本图书馆 CIP 数据核字（2017）第 288560 号

冬天的秘密
DongTian De Mimi

作　者 / 王俊凯　　责任编辑 / 王金秋　王淑瑶

出版发行 / 北方文艺出版社　　网　址 / www.bfwy.com

邮政编码 / 150080　　经　销 / 新华书店

地　址 / 黑龙江现代文化艺术产业园 D 栋 526 室

印　刷 / 北京盛彩捷印刷有限公司　　开　本 / 787×1092　1/16

字　数 / 247 千　　印　张 / 15

版　次 / 2018 年 5 月第 1 版　　印　次 / 2018 年 5 月第 1 次印刷

书　号 / ISBN 978-7-5317-4105-3　　定　价 / 39.00 元

用真挚的情怀唤醒沉睡在寒冬的灵魂

（自 序）

诗，是一种生活方式。中国新诗迄今已走过百年的历程，这段艰难但始终朝向光明的岁月，既谱写过新诗的成长，也经历过时代的低谷。20 世纪 70 年代末 80 年代初，中国新诗伴随着文学的全面复苏出现了一个新的诗歌艺术潮流——以舒婷、北岛、顾城等先驱者为代表的朦胧派诗歌。然而随着时代的发展，网络论坛、博客、微博和现在的微信等新媒介不断更新，在当代年轻人心中，诗歌似乎又没落了。

90 后的我，早已记不清是从哪一天开始萌生出写诗的冲动，从最初的小试牛刀到现在的文思泉涌，这几年竟然也断断续续写出了几百首诗。中国新诗的缔造者胡适先生曾说过“我手写我口”，在我这里应该可以理解为“我诗写我心”吧。可能写诗就是一件脱口而出、生发由心的事情，从没有觉得写诗有多复杂，心里有了好的句子，就从口里说出来，用文字记录下来。

在新派诗歌的众多名家中，我最为欣赏和崇拜的当属新月派代表诗人徐志摩，翻阅自己近几年创作的诗歌，大部分都学习和借鉴了他浪漫主义与唯美主义的风格，很多作品都有《再别康桥》的影子，今天我鼓起勇气把这些作品集结成册，并取名为《冬天的秘密》，就是希望用我最真挚的情怀去唤醒更多沉睡在寒冬的灵魂。

诗是生活的勇气，诗是情怀的体现，诗是怀旧，诗是远方，也是另一个故我在说话；而诗人就是那孤独而优雅的歌者。作为初出茅庐的新诗爱好者，我的不少作品也存在着矫揉造作、故弄玄虚等缺点，但我愿做中国新诗浪潮的生力军，用最真挚的情感、最质朴的语言去维护传统文字的精髓，做中华传统文化的坚守者和传播者，为中华文字的优美而继续写诗！

目 录

CONTENTS

爱是什么

爱是一个人　在你无助的时候给你微笑
爱是一双手　在你落寞的时候给你拥抱
爱是一句叮咛　一次鼓励
爱是你中有我　我中有你
爱是当所有梦想都烟消云散时
化作废墟的萌芽　从春天起程
爱是当所有渴望穷途末路时
它是希望的帆　从远方驶来
爱是看不到　摸不着的
爱是听不见　闻不到的
但它比一切看得到　摸得着的
更能慰藉你的心灵
但它比一切听得到　闻得到的
更能安抚你的苦恼
爱　有时也没必要说出来
只要彼此心意相通　知心相惜
爱　有时也没有必要太多地表达
只要手牵着手　相扶到老
爱是付出　不求回报　心甘情愿
爱是给予　不求结果　无声无息
不要抱怨　爱一直离你太远　无从寻觅
只要细心　你会发现
真正的爱一直在你我身边
且从未离开

爱一个人

爱一个人
不需要太多浪漫色彩
太多浪漫色彩的恋爱
只会有花　不会有果

爱一个人
不需要太多美好回忆
太多美好的回忆
会太虚伪　会太残酷

爱一个人
不需要太多假如如果
只需要你也爱她
她也爱你

爱一个人
就是打心底起誓
对她一心一意
一生不变

第七个年头

你恨得彻底
正如我爱得坚决
我们彼此的交集
继续着悲催的剧情
被暴风雪狂吻之后
我醉眼迷离
在所有漂亮女郎面前作一声轻哼
她们的结果　还不是像你一样
离我而去

苍 鹰

峰岭上有一只茕茕独立的苍鹰
它站在最高的峰顶松上俯视山岭
在那片　已被它牢牢掌握的苍野之上
它总是那么黯然　那么凝重

有人说　天才就注定要孤独一生
有人说　天才之路就注定充满荆棘坎坷
苍鹰在青穹之上　即便是死　也不沦为平凡
我噙着眼泪　看这清冷　凄恻而又傲然的身影

三角恋

你说你爱我一生一世永不变
爱我一生一世的人并不是你
而是另一个让我爱其一生一世的人

谁都渴望自己这个月亮能追上太阳
谁都不愿放下最后的矜持和希望
直到这一切化为碎片　化为虚幻的梦

我们一直在追寻眼前的美好
却遗忘了背后错过的更加美轮美奂的世界
直到眼前的美景化为空气

与其拆开一段情缘
不如成全一个夙愿
这是三角恋的结局　给予我们的
最好箴言

情 愿

——仿裴多菲《我愿意是急流》

我情愿化作一片落叶
任爱你的风东南西北地吹走
只要你像一条小河
能够承载我所有的痴情与渴望

我情愿化作一只小鸟
任爱你的林密密麻麻地捆锁
只要你愿意像一棵小树
能够让冬夜的我有一丝温暖的爱

我情愿化作一棵小草
任爱你的甘霖齐刷刷地淋打
只要你愿意像一条蚯蚓
能够让春日的我茁壮成长

我情愿化作一面小帆
任你爱的闪电轰隆地击打
只要你愿意像一座灯塔
能够让黑夜的我认清前进的步伐

我情愿化作一株水草
任你爱的浪花狠狠地抽打
只要你愿意像一条小鱼
能够让漂流的我有一丝愉悦的欢歌陪伴与牵挂

你不懂

你不懂　花儿离不开暖夏的吹捧
你不懂　知了为什么向上攀缘
你不懂　落叶逃不脱泥土的宿命
你不懂　迷离的眼神凝视的那片宁静

你不懂　爱一个人不需要理由
你不懂　迁徙的蝼蚁辛勤地劳动
你不懂　爱情把你当作游戏
你不懂　背后拥有着多少伤心和眼泪

你不懂　冷言冷语伤害了多少真心实意
你不懂　身边的男人的真心与假意
你只懂　自己的世界只有自己的利益
殊不知　会有一个人为你写下多少忧郁的诗集

吻之歌

我在遥远的山城
那一夜
我睡在你身旁
给一个轻轻的吻　你对我说是旖旎的醉
给一个轻轻的吻　你对我说是氤氲的美
带到氤氲的花丛　你对我说是缄默的风味

请你闭上眼睛
说累了
你也躺在我身旁
有一个轻轻的吻　我对你说是缄默的风味
有一个轻轻的吻　我对你说是氤氲的美
温润你桃瓣似的柔唇　我对你说是旖旎的醉

落寞之城

那一天　你对我说
偷偷哭就对了
当一个人注定被遗弃
让湿润的眼眶笑着涌向明天的雨里

痛苦的时光　谁都会拥有
绝望时刻　也要学会鼓起勇气
就算被九千九百九十九次打倒
也要第一万次勇敢地站起

那一天　你对我说
擦干眼泪就对了
当一个人注定要被万人遗弃
心中的想法也像潮汐暗涌一样模糊不定

请相信颓废也能筑起爱的小城
失意也能唤回爱的心声
我好想找到属于自己的那片蔚蓝天空
把所有的激情色彩　都绘制在那里

我好想找到属于自己的那片蔚蓝天空
把所有积蓄已久的激情色彩
倾情绘制在那片天空里

梦想的力量

每个人
都在不同的领域里
积极地发挥着这样或那样的作用
然而只要自己相信自己
未来就有无限可能

当一个邋遢　丑陋　贫穷
玩世不恭的人　怀揣梦想
勇敢而坚定地向前走去
不要嘲笑　也不要讥讽
相信他（她）心中的那片彩虹
早晚会绘制出属于自己的那片天空

活着就是为了梦想
只有经历过风雨的人才能领悟
才会变得更加坚定
相信音乐以及梦想的力量
就是我们每个人的心声

生活中
无数个这样或那样的人
从神话旁走过
讥笑着连做梦都不可能完成的神话
唯有一个或几个相信并坚持着
用持之以恒的热情
和对艰苦与困境的不屑一顾
最终成了这个时代的传奇

感动是什么

感动是什么
课桌前的我时常这样思索
幻境中的你也时常这样问过
感动是什么

感动是什么
感动就是
一个人为你哭泣时
你笑得像一朵花一样
说无所谓

感动是什么
感动就是
忍受着巨大的疼痛与压力
然后说
你也试试

感动是什么
感动就是
和所有人一起欢呼雀跃
用惊人的表现和忍耐
告诉所有人
我可以

感动是什么
感动就是
把一切辛酸与伤痛
都默默地隐入身心
不让旁人知悉

感动是什么
感动就是
即使自己的力量微乎其微
也要坚持到最后一秒
拼尽全力地嘶喊着
摇滚的最高音符

祈 祷

爱　是一个人
合上手掌
静静地
默默地
轻轻地
带着一腔悲怆地
祈祷

那里有一片谜一样的心声
为了感动
他会挑逗
他会高亢而心怀怜悯
会像索洛乌欣的《野花》一样顽强
为了敬业
为了激昂
他会拼尽全部生命去谱写音乐的传奇力量

好听的音乐在于能动之以情
而真正的伟大在于隐匿伤痕
并打动所有人的心

那些年

那些年
相信执念里的那些东西
翻山越岭跋山涉水
只为了出人头地

为了梦想
穿梭在每座城里
但只有几个愿意把我留下
太多的　只会将我抛之云雨

那些年
相信思想里的那些东西
为了跟可怕的现实做激烈的斗争
失去了太多　对每一个人都十分重要的东西

星云间
回首我　也想一想你
想一想曾经的夜晚
……
曾经的　美丽

湖州小憩

又是一座陌生的小城
枇杷林挨着芭蕉雨
荇草和游藻会着淙泉的草鱼
在一棵大棕榈下养神歇息
树桩系着杨柳岸　晓风残月
白鹭在远处念着花季

太湖石变得不再引人注目
周遭也枯竭了黄石的消息
乌篷船唱着古老的《渔歌子》
好似瓯越[①]城那首渔叟贪鱼[②]的诗题
稻旁的小荷抵不住春晖的云雨
愿所有的思绪都随鹭鸟一起迢遥而去

① 瓯越：即古温州。
② 渔叟贪鱼：作者在曙州七都时偶读过一首名为《鱼贪食于渔，渔贪鱼失利》的诗，印象深刻，故用之。

雾路

前头是雾
后头也是雾
环顾四周也没有出路
能看到的
只有眼前的那棵榆荚小树

但请你一定要向前走
不要回头
也不要迷茫　踟蹰
因为只有前方
才会有新的出路

爱的小札

爱是一片淤青潭
只会让深陷其中的人　越陷越深
情如一座亮丽璀璨的迷宫城堡
不要被它外壳的神秘与奢华吸引
而恨　就是这座城堡和淤青潭里的凶神恶煞
它在任意掠猎着每一个春心荡漾的人

花间翩然群舞的各色蝴蝶
就是那些绝望殉情者的灵魂
那血色花海里的玫瑰小刺
只不过是另一种伤痕的延伸
而延伸
恰恰是用另一种方式赞赏并穿行在这片美丽花田的幽灵
它是一个
如梦一样浮动
且始终守护初心的人

赠丽人

风儿拂动着白蔷薇般的春帘
正如仙姬丽姝般的你
突然浮现在我的眼前
你的脱俗风貌竟让所有人合不拢嘴
娴静文雅　做事大方得体
就这样毫无征兆地出现在我的生命里
年华似锦　使你平添了几分靓丽
你眉目如画　明艳动人
带着如泣如诉的动人往事
开在你我的花季

忆天安门前城市规划馆的那阵沙雪

那一阵雪
轻碎而迷离　打湿了我迷离的眼眸
使我望不见路
感觉不到昨夜的星堤与月湖
昨夜的温柔花雨
昨夜的陶醉芬芳

那时的你
大方而美丽　娴静典雅而又轻灵脱俗
让我认定了这就是命中注定
见识到了所谓的一见钟情
迷失的情丝与爱意　冰与火的挣扎徘徊

爱的抚慰

你　窸窸窣窣地走来
衣上有湿漉漉的疏雨
和我一样
惨淡　懦怯而迷离

我的爱　赤裸裸地迎上前去
亲吻你的额头
抚撩你的发际
而你也好似睡神般降临在我的怀里

不知从什么时候
我已经轻轻地爱上了你
陪你看星辰与霓虹
陪你穿梭在爱的花海里

看你阳光而灿烂的笑
我也感到了幸福与甜蜜
那曾经的忧伤和寂寞
也渐渐变得微不足道

如今的我

——忆思集美时记

如今的我
如来时一样
一个人放下一切　到处流浪
无趣的时候
独自一人躺在床上
总会想起曾经的校园时光
欢喜与忧虑
踟蹰或彷徨

当再见到她时
不再是仇怨
也不再是爱恋
曾经的是是非非　爱恨情仇
早已不再重要
因为有些故事
也该翻页了

回眸的你

那时候
总以为能回头
总以为能够回到初次相见的时候
直到一切化为乌有
你我都消逝在这模糊的镜头
才敢去相信
我们的故事
早已到了尽头

那些年
总以为付出就会有回报
就会有心仪之人的心在向自己招手
直到你的世界里
早已泯灭了我的消息
而我还在追寻
那个稀薄而朦胧的你
我好想望着天空　向着大海呼唤一声　我爱你
我想让这个世界记住你
哪怕
在你的世界里
早已没了你自己

微笑的星眸

一个人在陌生的城市里寻找自己
一次次地寻找而又一次次地迷失了自己
就在这一次次心灰意冷的失落海洋里
总会不由自主地想到你

就像那坚定的东方明珠
厮守那平凡而普通的陆家嘴
无论岁月的变迁　时光的消磨
他永远是她心里　坚定而肯定的那一位

天空飘落着流浪的白雨
仿佛我们从来没有相遇
可弦丝上响彻的那份凄迷
只有你能使我的心弦拨起
倘若我们的确是奥林匹克山上的那个怪物
因犯了不可饶恕之罪而被众神之首宙斯劈成两半
就让所有的痛苦和罪恶都留给我一人承担
愿所有的伤心和泪花不再围绕着你

为了你　没有什么叫作不值得
为了你　没有什么叫作没必要
为了你　我愿等到花谢花开　春去秋来
为了你　我愿等到天荒地老　海枯石烂

我欲何求

读一读天竺国的《贝叶经》
在北魏孝文帝建的庙庵[①]里
那时的我　那时的你
把鱼儿般游荡的心
放在稚嫩的绿荫里

一位有着旷世奇才的风流才子
三位知书达理的妙龄少女
相信只要今生轰轰烈烈地爱过一场
就不负此生来过

上海外滩的风
阳澄人家的雨
何处才有
情投意合的你

相思的蛊
那么地痛
可又那么地甜蜜
一个人的独角戏
也可以这样的美丽

---

① 北魏孝文帝建的庙庵：指北魏时期孝文帝为安排天竺国圣僧释迦达摩所建的少林寺。

彼岸花

人生中
我将在茫茫人海寻访唯一的灵魂伴侣
得之　我幸
失之　我命
我愿意拿自己一生的时光
去追寻这唯一的虚无缥缈的结果

如果爱情　只是个圈套
使我跌入其中痛不欲生
就让我拿今生去了却那前世的情债

如果我们仅仅停留在初见时的美好
也许一切都会戛然而止
你我彼此也不会再受伤害

在这座陌生的城市里
你是否会看见可怜的我
整日整夜地在为你奔波

也许是你前世多喝了孟婆汤
所以今生不再认识我
如果爱你是一个错
那三生三世的轮回　又算什么

人生中
我将在茫茫人海中寻访自己唯一之灵魂伴侣
得之　我幸
失之　我命

绕指柔

那一天
我们撑着油纸伞
在西湖的断桥上约定
信誓旦旦地说
把这世间所有的美好都给你
你的腕　挽着我的手
我的指　抚着你的柔

直到有一天
我们彼此在奈何桥上错过
擦肩而过
相同的渴望向着不同的地方
你的腕　拉不到我的手
我的指　抚不到你的柔

姑苏城吊歌余阙

鹭鸶探清浅　两岸芙蕖邀月吟
流浪江湖月　春风如梦雨亦凄
伯劳与飞燕　日日相思不相守
花好催皙颜　一世匡怨有谁知

蓦然回首，灯火阑珊

我恒着一颗心
为追寻生命中那唯一的风景
勤勉不休　坎坎坷坷
直到夜幕降临
世态冷漠
直到夜幕降临
生命中唯一的风景如流星般闪过
勤勉不休　坎坎坷坷
如今却换来这样的结果
当我哀叹而又低沉地走过
蓦然回首
才发现真正爱自己的人
正恒着一颗心
为追寻这生命中唯一的景色
为追寻这生命中唯一的结果
自始至终地停留在那个角落
心甘情愿　默默无闻地付出与忍受着
从未走过

遇见，最美好的爱恋

遇见　最美好的爱恋
可你早已不是我心目中的另一半
即使你忏悔的眼泪
也无法挽回我枯竭的内心
如渔火般随波逐去

遇见　最美好的爱恋
可我早已过了恋爱的季节
即使你张开手也无法将我抱紧
那凄美的夜晚遥望着星辰
除非你那个甜蜜的梦能够将我唤醒

让那多少年前烟消云散的爱
重新拥有温暖
拥有如花蕾般的光鲜亮丽

启明星

那一刻
我迎着沙沙白雨
在黑暗中前行
黑暗中前行　我期望一颗启明星
即使天空下着暴雨
即使单薄的短袖抵着寒风
可我依然在前行　因为我期望一颗启明星
期望着那一颗启明星
为我照亮远方的路
为我照明未来的前途
让我知道我没有堕落和失败
我仍在前行

执子之仪

人生倘若只是一场梦
我们又何必来去匆匆
我们又何必泾渭分明

若回头
我在那花开灿漫的时候
我好想轻轻拉着你的手
好想一生一世和你一起走

情丝絮语

第一首

一句轻轻的呢喃——我爱你
包含了多少千言万语
一句浅浅的柔叙——我想你
又胜过多少千言万语

第二首

生活　少不了陪伴
而你又是我生命的另一半
让我没天没地　没日没夜地在梦中哭喊
生活　我少不了生命的另一半

第三首

当你回头　回眸一笑
再也不能把愿望化作永久
你的改变　我的守护
在那一刻再也不能重新回首

第四首

我渐渐地觉得　爱上你并不是一种病
只是我的世界你不懂

第五首

我和你　关系一点点变淡
再也不能把你的眼泪掠夺

我和你　渐渐拉开了彼此的距离
再也不能轻松和洒脱

第六首

女人最好看的也许只有背影和侧影
但你的正颜
却是我生命里永恒不变的美景

第七首

我无助的心被它虚掩
我无奈的声被空气覆盖
我只有在陌生的角落里
题写着那冷冰冰的回忆

题写着那冰冷冷的回忆
我只有在那陌生的角落里
我无奈的声被空气覆盖
我无助的心被空虚掩埋

第八首

其实我们都忘了
喜欢和爱是两码事

第九首

女人心　就像一本日记
那本日记是舍弃　而并非予以

你的爱 无动于衷

你的爱　无动于衷
在那被狂蜂侵扰过的花间蹊径
我那自以为是的梦
正如没有意义的冷风
吹着那一片孤寂的叮咚

你的爱　无动于衷
在那被冲动支撑的勇气引导下
我那发自肺腑的话
正如没有价值的凉雨
吹着那一片孤寂的叮咚

当我回首　回眸一笑
曾经的过往早已胶着冰封
当忏悔的心拿出一万个勇气去爱你
当爱情的冲动使我不能自已
你的爱　无动于衷

追忆·那个女孩

蝶有了七天的生命
鱼有了七秒的记忆
而我七夕认识了
七月七日的你

就在那决定缘分的天缘桥上
就在那确立关系的凤凰村里
我们一起看着星星　听着涧泉
我们吹着牧笛　依偎在那里

我们共许山盟海誓
我们共度阴霾　共享晴空
我们发誓在天愿做比翼之鸟
我们祈祷在地愿做连理荆枝

假如生命从开始便已知终期
假如事情从初始便已知结束
那缘分的列车上互相交会的我们
会不会珍惜

碎 碟

钻石的硬度是十
碎碟的洁度也是十
它像钻石一般坚不可摧
被沉沉隐蔽在浅海　任意延伸
不被任何低劣者玷污了身体
不被那些眼光浅薄的寻觅者所顾及

爱情的贞度是十
碎碟的承诺也是十
承诺代表它像爱情一样至死不渝
被深深地掩藏在心底　肆意蔓延
不被任何流言蜚语动摇根基
不被那些游戏人生的狎兴[1]者追逐在意

① 狎兴：见于古宋词，指游玩者的兴致。

花期与雨期

你常说
花期与雨期总会不期而遇
就像红花的根和茎
正如小荆与大荆[①]的叶与蒂
羽衣蹁跹　冰飞雪舞
我知道　西亭花廊的你
曾醉倒在花荫里
可这个觊觎自己美色的你　从未向人们提起

恋着你
仿佛恋着异域的澹淙小流　一股空气
你的心事从未在人前提起
就像曾经的我
从未在意别人鄙夷眼神里的自己
我不能说我不爱你　正如花期与雨期总会不期而遇
可那个忽略我懦怯的你　从未对我有过多的在意

我们曾经萍水相逢
终究化为了幻鸾镜里的独角戏
擦肩而过　无偎无依的我们
最终还是分道扬镳　分隔两地

---

① 大荆、小荆：草本植物，可治病，见于《本草纲目》。

恍惚之间

一

同样的婆娑
同样的海
同样的我们
曾在一棵海椰子树下　跟跄徘徊

如今的我们
如今的爱
如今的景观
再也不能于同一个快门下　闪烁存在

二

我面向着窗
看着窗前模糊的自己
泪水朦胧了双眼
知道如今的自己也像它一样糊涂不堪

再回首
回忆起时光的桌桌椅椅
不知道百灵鸟会飞到哪里
可我的心依旧停留与依偎在这里

缈望处
那远方的姑苏余杭
沙碛构筑成炙热的河西走廊
而我依旧是一个人
在这个茫无目的的路上
一个人踉踉跄跄
当我累了或困了
我不需要上帝太多的慰藉与施舍
只需要一张泛黄而有些破损的老照片
装着我对你永远的思念与回忆便足矣

蝶恋花

蝶儿翻飞在这百般温存的诱人花海里
不知什么时候　冬已临近
不觉什么时候输掉了自己
在这个陌生而熟悉的花圃里
潸然泪下
在这千种迷惑的蝶群里
不知什么时候　春已凋谢
不觉什么时候被采花贼推开心扉　偷了心
在那个熟悉而陌生的红萼里
黯色神情　销魂断肠

结 尾

给故事一个完美的结尾
来纪念我们曾经的爱过　错过
再给未来一个圆满的开始
来泯灭我们一切的爱恨交集
当二〇一六年十二月七日的时钟响起
我不再贪婪地吸吮着你给的美丽
就把这一切一切的记忆　怀念
封存在这里

也许有一天　我们老了　累了
信步迈行在那牧野
或者已经有了家庭　另一半　与子女
当我伏案看书页里收藏的记忆
还有那可怜的记忆里收藏的惋惜
我不再贪婪地吸吮着你给的美丽
就把这一切一切的记忆　怀念
封存在这里

我发誓这里所有新诗只为你一个人作
我发誓这里拼尽我所有努力只为了你
当一切早已烟消云散　物是人非
我不愿再用太多的诗笔与画意
去勾勒　去描绘
就此搁笔

我亲爱的宝贝

我亲爱的宝贝
夜晚我陪你睡
你什么时候开始变得憔悴
遗留的泪
看不见你的结尾
我好想抚摸你的鬓尾

我亲爱的宝贝
你的喜怒难意会
听那情话说得多么婉美
你总说我的歌
才能伴你入睡
无论唱的是好是坏

我亲爱的宝贝
当我已无眼泪
你的手抹去过往的悲伤
你的故事
我已经不再聆听
已经不能冥想

我亲爱的宝贝
若紫色薰衣草的枕
是你的生日礼物
可你从来不用
镜里的你美吗
你总是这样问

绿衣裙　红衣裙
到底哪一个漂亮
每天叽叽喳喳
像只唱歌的雀
以为我是你的一切
以为我们的心已经连体

大栅栏漫步

那是正阳门的深巷
一个人穿行在形形色色的人群中
有种心酸　有些无奈
两旁的狗不理　马谦斋　瑞蚨祥　同仁堂老店
黑人白人的老外
还是洋腔怪调地说个不断
口袋里的零钱
应付不了东门外的冰糖葫芦
看着小糖人也只有满眼的羡慕
寻遍了整个新华书店只购得一本单薄的廉价本子
字字行行间透着米芾的惜纸如金
还是正阳门对面那一簇纸球
大大小小
形色不一
还有那门前园中杜莎夫人的雕像
像些活生生的人
立于古今

海 汛

我的热情我的梦想
像海汛一样扑来
扑向裸露巉岩的山岗
扑向赤灼火辣的沙漠
扑向阴暗的黑夜里
带有隐形翅膀的我

我的热情像晚秋的狂草一样癫狂
它承载着梦
飞过重重的峰峦
飞过城郭雨巷
飞过深沉而又深情的大海
拥抱着彩虹桥上闲情信步的朝阳
这是我的激情
心池的红鲤
荷塘边游荡
这是我的期冀
万千风雨　霪霖
晴朗带着笑容
这时我的内心世界
像海汛一样扑来
扑向阴暗的黑夜里
与众不同的异样自我
扑向赤灼火辣的沙漠
扑向裸露巉岩的山岗

陌生人

孤独地倚靠在古老的城墙
对面走来路人甲　路人乙
他们不会理睬陌生的期冀
因为陌生
使彼此的心　深深地隔离

模糊的黑影
乏力地躺卧在地下通道里
失落的眼神翻看着
仿佛在盼
接纳她的死神与上帝
他们不会理睬陌生人的期冀
因为陌生
使彼此的心深深地隔离

刻意的温柔

这个世间　没有刻意的温柔
再无法看到的凄美的天
再无法盼到的痛楚的雨
再也无法相拥而泣
再也无法在所有不眠的夜想着你

你是否　兀立在岭首
巧笑倩兮地盼着天边的星星——你的恋爱
你那真命天子
你那白马王子
骑着一匹温驯的白驹带你远走

私奔　奔向幸福美满的家园
私奔　奔向爱的花海里
只是有心无意的那个人
再不能伴你走到白头
哪怕你如大才女卓文君那样
姗姗来迟　而后悄然离去

步入梦境

步入梦境
我来到梦中一样的场景
不明人生是幻是实
生命　仿佛曾经来过这里
步入梦境
我不像见到书中碧清的蓝湖时那样惊叹不已
人生是幻是实
自己都需走好每一步
步入梦境
正如庄周梦蝶一样
不知是蝴蝶成了自己
还是自己变成了蝴蝶
谜题　也许永远永远都解不开　弄不懂
步入梦境
为何步入的不是心中所想
月光宝盒看多
分不清假假真真　爱情缠扰
只是那幽深而悠长的梦境
只能去问人　或者解梦的周公
我不管人生是幻境还是真实
是直播还是演戏
都会向着自己的方向和梦想
投入所有的能耐与激情

雁栖湖[1]

载着梦　飘入这向往已久的冰湖
厚厚的冰　焜黄的荻叶　溜冰的小姑娘
桥前桥下　粉黛红颜　朝起金雀　暮飞乱鸦
柳的枝头　枯红衰瘠而消瘦
杨的桂冠　愈加的成熟

只是一切的一切　就像梦中的场景
它闭花羞月般无声无息地隐匿在这蓬云与山峦
深处

我和远方

——仿顾城诗

你看看我
再看看远方
你觉得
你不属于我
而属于那个远方

① 雁栖湖，北京郊外的一面湖，作者 2014 年北漂时曾经过此湖。

朦胧月

朦胧的月色　朦胧的心
昼也朦胧　夜也朦胧
朦胧地消隐在了一片朦胧中
朦胧的我　朦胧的你
时而朦胧　时而清晰
朦胧的颜色成了朦胧的谜
草也朦胧　路也朦胧
朦胧的一片
朦胧得没了声息
朦胧的脚步　朦胧的小路
提着朦胧中燃着火舌的佛龛
入了一片朦胧的沼泽地里
朦胧的虚实　朦胧的爱情　朦胧的你我
相遇在比朦胧更朦胧的迷宫里
隔墙开花的心语
朦胧的永远
无法得到对方爱憎怒恨存蕴的准确消息
谁让我们一样朦胧　一样迷离　一样寻不到本心
只是不知道朦胧的你还爱不爱我
朦胧的我　还能不能坚持本心

他不爱言语

他不爱言语　不爱在辩论中争个高低
他热爱真理　热爱上天赋予他的准则与能力
他不爱言语　不爱自以为是地发表言辞
他热爱学习　热爱在他人身上发现值得学习的东西
他不爱言语　不爱把闲逸的时光浪费在没有大用的言语上
他热爱自然　热爱在大自然中收获新的灵感
他不爱言语　不爱辩论　不爱解释
他只想一个人
静静地　静静地　静静地读书　静静地谱曲
静静地尽情地恣意在一个人的世界里

渴 望

小草渴望春回大地
小雨渴望夏的艳遇
小桥渴望秋的流水
小麦渴望冬的抚爱
他们都有渴望
而回应
需要太长太长的守候与等待

遥远的远方

心中有一个方向
那里是遥远的地方
遥远的地方
有一条奔放的小河
有一个奔放的灵魂
沐浴在春的阳光里
我似一只小小的纸船
乘着梦想驶向远方
带着那小小的蚂蚁
去看那遥远的地方
那儿有轻盈的凌霄花
那儿有柔美的常春藤
酣睡在美的岁月里
我翻过如书页一样重重叠叠　屹立的高峰
我穿过似雨点一样密密麻麻　盘踞的海湾
可为何看不到心中那遥远而美妙的地方

也许心中的地方　只在心间
想畅游那美妙的地方
除非端起梦的脸庞

没有恋爱

看别人在夕阳下深情地拥吻
看天鹅在湖面上你侬我侬地欢爱
看夏蝉在绿树中吟歌求偶
而我只敢躲在房柱的背后
偷窥这一切

我的心里
有静静开放的凤尾莲
我的心中
有镶满绿宝石的小木匣
可我却怕拉他的手
拥入怀里的只有凉瑟
那冷意的秋风
我不懂热恋的升温
和平的分手
亲爱的　一条路　一份情　一条河
为何所有
从我的世界里来
却又偷偷溜走

蝴蝶梦

蝴蝶想飞翔
要让翅膀更强壮

我想大声告诉你

当耳畔响起温柔的琴声
我的脉搏也跟着一起跳动
当你那伶仃的眼神笃定之后　伤心之余
你再也不为我倾注一丝温柔

妈妈说表面温柔的女人
内心都不温柔
而我不去相信　直到现在　仍不能回头
男人的真爱　只有一次　只能对一个人

我漫不经心地走了　留给你一个秋
当颓废落败地回头　你给予一个冬

对不起 我爱你

撑把伞　站在朦胧的烟雨中
烟雨打湿了眼睛
眼睛朦胧地注视着化作幻影的你

天空中飞过一只鸿雁
心底里落下一片残红
那撩起轻盈裙裾的玉人不是你
我失落地漫步在江南的雨里

如果有一天再次相逢　相遇
忧郁的眼神是否能勾起你的回忆
雨一直下　打落在空寂的雨街里
惆怅　寂寥的眼眸却望不见你

我知道你的祖域在吴越与楚都的间隙
来到这里　只想得到你的气息 你的秘密
我松开伞　让风雨与水花将我全身浸润
而我只能在冰凉的雨丝　柔软的泥里
留下一句　对不起

当一天 落下帷幕

理想　有时仿佛是在空想
木讷地　抬着头觅思
心灵空漠
当一天的喧哗落下帷幕
又回到了寂寞忧伤的我
未来
天空封存着什么案底
安谧地　像猫一般躺卧
久久凝视
深海一样无法追寻的未来
总会逼得我泪零

当一天　早已落下帷幕
遐思　也随即化为空荡
没有闲情看青山的倩影
高尔夫球场　摸着栏杆　更不想
当一天　早已落下帷幕
又可以去庭外倾听那轻柔的音响
当一天的一切化为沉默
心灵　也终于平静了很多

桥

架在巇岩的两端
让你欣赏我的浓绿
让我欣赏你的妩媚

架在城市的两旁
让我连接你的古朴
让你认识我的新颖

架在河流的两岸
让我走入你的波心
让我明白你的想法

架在爱情的两边
让你我结成一段姻缘
让你我饱啜一段甜蜜

架在巇岩的两端
是勇敢与胆识组成的桥
同时　也架在进步上

架在城市的两旁
是智慧与勤劳组成的桥
同时　也架在发展上

架在河流的两岸
是互通与互联组成的桥
同时　也架在成长上

架在爱情的两边
是沟通与吸引组成的桥
是宽容与原谅组成的桥
同时　也架在彼此的信任之上

琥 珀

一只蝇虫闲慵地攀缘着
炎夏的苍松坠下一滴汗水
它那生命便永远定格在了这一刻
百万年后　成为精美的琥珀

一只蝇虫维持着百万年前的魅姿
似模型　似雕塑　停留在这一刻
就像我对你百万年都不会改变的爱
永远做你的项链　守护在你身旁

你为何要流走

水车机械似的旋转
浪花流至一行行田畦
浇灌着翠青的萌芽
直到最后一棵稚苗

清脆的澮澮之响
不似泉水在畅流
似是云集成水浪的群鱼
在欢欣地奔腾跃走

涌出自然的激情与柔情
微笑地向我招手
当你经过那平凡的土坳
微笑地赋予温柔

你为何要流走
为何不能为我而停留
我忍着泪花与你做最后一次告别
向你最后一次温柔招手

人生为何要流走
时间为何要流走
你为何要流走
而我只能伤感地游走

秋 凉

燃烧了煦暖中的茂密
把草浪的情丝
岩泉的寒意
消融成万紫千红的落叶
穿梭在层层冷冷的山峦中

赤灼地铺伸着
当夏蝉　蝎子　壁虎　青蛙
消失在了眼前
消泯在了云后

草浪走了
在这秋凉的时候
茂密走了
在这秋凉的时候
蝶儿也走了
她也走了
在这秋凉的时候

被偷走的那五年

别人说得对
每一个女人都是有故事的人
我和她经历的那一场仓促而短暂的相恋
只有彼此的内心晓得
在被偷走的那五年

被偷走的那五年
回忆追思　满脑子都是她的声音
满心思都是她的冷暖　过得如何
仿佛活着就是为她而活
想她便是人生的最大意义

被偷走的那五年
千万次在舍得与不舍间徘徊
千万次在放下与不放里循环
想她　念她　却没胆见她
爱她　梦她　却不敢张开口

被偷走的那五年
我明白了很多该明白的道理
也学会了很多该学会的事情
清楚了本不该　没有结局的恋爱
放手　解脱　也许是件好事

我也慢慢学会了坚强　包容与原谅
并诠释了爱情的真意
现在的我　更清楚了如何对待下一场恋情
下一个她
又会在我的生命里展开怎样的花期

一 步

你走着
总不停留一步
我问你
为何不留一步
回眸的你骄傲地回答
当我停留这一步
便慢了生活一步

九寨沟

美在树的奇异姿态
美在景的莫测变幻
美在心灵的居所
美在东南西北
吹来柔和的风

美在水的五彩斑斓
美在山的鬼斧神工
美在眼花缭乱
美在冬之灵韵

湖畔行

当黄莺发出第一声歌响
我的梦　便被大自然敲醒
绿　一切都是绿莹莹的
河床的魅柳　更了新衣　准备嫁人
青青的浮萍　沾恋清水　吻着池面
一对卿卿我我　洁白的天鹅
留下了湖畔爱的印象
当我走近
一对对才郎倩女　拨弹吹箫
诗情画意
当我走来
一对对黄鹂春燕　藏身窠穴
守护稚雀
当我走过
一卷卷帷帘张开　踏残的落花　羞涩的湖霞

撑着雨伞　吟着甜美的歌谣
哪怕歌声未让我感染
哪怕她那一生　未为我留下甜美的一影

让

竖琴的细弦语韵青涩而忧郁
平淡的日子里　不知你在哪里
当我来到你的身边
当她带走你的身影
让　我不愿争夺　占据

小提琴拉响了幽咽的圆舞曲
那是再也无法抓住　逝去的回忆
当我来到你的身边
当她带走你的身影
让　我不愿争夺　占据

我不是狠心把你抛弃
我不是不敢　与敌方斗角
我只是想听你的内心
最真诚也是最微弱的声音
告诉我　你义无反顾爱上的那个人　是自己

明媚的今天

当我经过你的窗前
看见了你活泼的笑容
上天送来了纯洁的飞雪
送来了亲切的安慰
送来了貌美如花　白皙可爱的你
从此　我的生命里　多了一个永不落幕的长夏

当你经过我的眼帘
看见了你清癯而快乐的容颜
欢悦送走了枯燥无味的生活
送走了茫茫而冷淡的天空
送走了四周　冷面无言的西式建筑带来的愁怨

逝 意

落花败去了绯红的瓣儿
荆条坠落了绛色的叶儿
有谁在意这花与草的类别
有谁在乎那生与死的距离
多情　痴意　化为一潭水　化为逝意

和平分手

那是一个　比遥远的月亮更要遥远的一个冬季的傍晚
你香葱似的绵柔嫩手　轻轻地滑出我的手心
在我还没来得及回过神的时候
你已消逝在擦肩接踵的茫茫人海
把我一个人丢弃在冰冷的街心
留下所有伤害　痛苦　一个人承受

那时候　我还傻傻地呻吟
舍不得忘记　我拉紧过去　感情的世界里　不能没有你

那时候　你还痴痴地唱着
那个女孩对我说　说我偷走了她的梦
偷走了她的回忆　放在我的脑海中
你说她温柔　可她却不晓得
遍体鳞伤的我　一天也没再爱过
她给的永远不痛

那时候　我还慢慢地聆听
如果你愿意一层一层剥开我的心
你会讶异　你会流泪　你是我最讶异　最深处的秘密

新的一天

——仿海子《面朝大海　春暖花开》

从今天起
给自己一张笑脸　一句问好
新的一天　要有新的面貌
从今天起
给自己一次鼓励　一丝赞扬
把所有伤痕的回忆　都丢到遥远的太平洋去
从今天起
时时刻刻提醒自己
什么事做了好　什么事做了不好
学会看事物光亮的一面
忘记他人的丑陋与不好
时常叮嘱自己
做有意义的　做今生无悔的事

把每一缕花香　每一片流云　每一颗松果
铭记在青春的岁月里做标本
陌生人　我也为你祝愿
祝愿你的一生平平安安　和和顺顺
祝愿你收获幸福完美的家庭　甜蜜的爱情
祝愿你有一个无比辉煌灿烂的明天
珍惜世间每一次滞留　每一次喘息
青春　沐浴在金色的阳光里

雪花吟

我轻轻地问自己
那空中自由回旋的是什么
杨絮　柳花　还是天鹅羽毛
宁谧的长空没有回答
树丫儿上有少量的喜鹊
空中盘旋的老鸹高傲地登顶欢呼
路灯坐落在长明的不夜城
独自一个人　来来回回有些寂寞地等

斜飞的它未着地面　便消隐了踪影
雾霾深处的城楼　只有隐隐的影　只有模糊的灯
飞驰的车如洪如风
只听见噢噢而去的声音　不见踪影
我不只一个人等
一个人来来回回　一个人有些烦闷
时而问自己　自己也未能得知在等什么
在等遥远的情境那一个偶然
在等未开放便凋零的花
在等生死约定当中
那一位和蔼可亲的老太太　老先生

仅此而已

当我　孤寂冷漠地走过
不知道有多少人爱过
不知有多少人恨过
就像一股冷风　一片树叶　一朵浪花
仅此而已

当你　热情奔放地经过
不知道带来了多少快乐
不知道带来了多少难过
就像一株小草　一棵青藤　一只花雀
仅此而已

当爱　从你我身边经过
你我不知道对方
何时爱过　何时恨过
何时快乐　何时难过
就像一条河流
经过了两岸的山岭
就像一场春雨
经过了花瓣和草叶
仅此而已

海礁的身世

平平淡淡地生活
没什么可以放歌
它张开了口
却不能把胸中的痛抛向大海
对方只会一层一层
炫耀自己身上多彩的波
看　海猫　海燕　海豚的欢聚　多快乐

简简单单地活着
没有目光注视过
只有人群踩踏木筏欺辱
甚至至爱的海椰给予的折磨
小虾　巨鳞　飞禽　龟蟹
眼里只有那天边美好的大海
唯有野鸭时而停在它的臂膀
跟它说话　给予心灵的解脱

沉睡的世界

小鸟沉睡了　在小小的柴窠
小云沉睡了　在苍苍的山顶
小月沉睡了　在乌云的荆棘里
那人也沉睡了　在树叶蒙荫的窗前

蟋蟀不由得低吟　在这沉睡的小院
山涧不由得嗟叹　在这山后的小林
蝙蝠不由得轻叹　在这落日的小梢

乌鸦渐渐地尽了　树叶渐渐地褪了
风儿也渐渐地沉睡了　灯火渐渐地灭了
市谣渐渐地静了　你我也渐渐地走入了梦境

笔掉了

笔掉了　心也醉了
清冷的空气中　响起了心醉的声音
泪断了　心也伤了
妩媚的云帆里　布满了织女的惆怅
你走了　梦也醒了
从离别的那一刻起　格格不入的我们
又有了相同的惆怅与茫然

告 别

跟青山说一声告别
我背上行囊　不再回头
跟小鸟说一声告别
也许过了今日
便永远不再重逢
跟桥梁说一声告别
青青的水草
也在灯火阑珊处招手
跟星星说一声告别
它是天上的精灵
不懂人间的俗语
跟村庄说一声告别
它也燃起高高的烟囱
报晓的鸡鸣
跟树林说一声告别
林中的花木虫鸟　繁杂纷乱　争喧不休
跟河边的小舟说一声告别
告别声中
少了鲈鱼蕨菜的香味
跟幽谷的芳草说一声告别
告别声后
身影变成了遥远的星星

我的信念

我的信念
像海上的浮舟
看似简单且绵薄无力
但万吨巨澜也无法湮灭
依然屹立在日出的海面

我的信念
像天穹的星影
看似弱小且遥远
可却是永远无法泯灭的长明灯
依旧闪烁在不测风云后的深夜

它让我在迷茫的夜中学会坚强
它让我在刀锋的浪口学会坚韧
它让我在霪霖之间学会坚挺

我的信念
像石缝中的小草
与暴风雨做斗争
像悬崖边的松影
断崖边坚持着生长
像风雨中的闪电
带有无与伦比的力量
像雷霆后的霓虹
吸引着万里外的日光

我的信念使我不再沦落
像冰　像铁　像太阳
散发着千万缕光芒
成功
不只要强劲的野心与魄力
更需要对信念和梦想的坚持

看它海鸟一样飞过广垠的太平洋
看它绿龟一样爬过宽阔的美洲大陆
这就是我的信念
给予我人生巨大震撼的力量

离手的小船

我把精心制作的小船
轻轻地放在轻柔的水潭中
从此它任意地游荡　旋转
不听我的指挥
从此它任意地嬉舞　改变
开始讥笑我
从此我们的世界变成了两个世界
我们的相识
成了最熟悉的陌生人

星星是天空散满的遗憾
草木是大地赋予的哀鸣
再也无法梦见她恬淡的笑容
再也不能与之玩乐
做同一件事情
她不懂
永久疼痛的那颗心
埋在嘻嘻的笑里

命运

流云不知道一生所游的地方
花草不知今世该散发的芬芳
难道这便是命运
存在无数的未知

风儿去吹
想也想不到的地方
雨水去打
未知的方向　未知的事物
一切我想　莫怪命运
命运也许就是个憧憬的少年
也有难言之隐

作家不知今生遐思的地方
诗人未知今生所立的建树
所有的一切　都只听命运
而即使死后
命运又岂会给你　最圆满的答复

也许生命本是未知
未可知的谜
也许命运如此捉弄
人的一生
才会变得有意义
不要轻信　不要怀疑
就算生活欺骗了你
走过山峦　翻过云海
命运只是在隐藏的那些无限的风景中未知的瑰宝

风之翼

我想拥有一双风之翼
带我朝着心中的方向　去我想要的地方
俯身在黄昏的夕境
仰望在沙漠的仙人掌
来吧　我的风之神翼
我需要你在远方　为我指引方向

展开这双翅膀
飞出不见天日的牢笼
飞出冰天雪地的孤寂
飞出满带血泪的地方
别人怎么看我　怎么猜想　随他去吧
走吧　我的风之神翼
我需要你在前方　带我飞向唯美的天堂

也许最终那一天
依然是苦苦寻觅　一无所获
也许前面那一天
竟然是成绩斐然　辉煌无比
我需要宙斯　雷神
用他的杖　赐予我一双神翼
带我去飞翔　像传说中那颗阿波罗掌控的太阳

我幻想拥有一双风之神翼
带着我赖以生存的梦想　去我心中最想要去的界域

别离一瞬

朋友背着旅行包
在远处与我做最后一次回首告别
也许这一次再见
今生就再也不能相见
不能给他安慰的肩
不能给他难过的脸
在彼此别离的那一刻
心中的眷恋懂得
笑着隐下的泪
究竟会有多痛

流年如水

去年的今天我在想如今若何
今年的今天我在想同样的问题
不同的是时光　越发烁亮
走出了情感的旋涡

我是在困惑中寻找到恬静的灯光
我是在迷茫中觅到人生的归宿
流年如逝水　落花何强留
万事随它去　水上度余生
唯美诗的真谛
楼宇间　眉宇间
又有谁能真悟得

我仿佛在哪里见过你

我从一棵树走到另一棵树的身边
人生有太多相似的距离
我仿佛在哪里见过你
我从一棵树走到另一棵树的身边

我仿佛在哪里见过你
有意无意间发觉你温雅地冲着我微笑
白皙的牙齿与白皙的肌肤一样洁白如玉
我仿佛在哪里见过你

白皙的牙齿与白皙的肌肤一样洁白如玉
像圣洁的花蕾或天使的羽翼
虽然只有短短的一面之缘
对于知道珍惜的人　一面之缘便今生足够

虽然只有短短的一面之缘
可在那千百次梦中　你的的确确来过
我从一棵树走到另一棵树的身边
也许梦境的画面　无法显现人间

无悔的青春

我的青春像火苗
它燃烧着一个无悔的梦
它使我坚强地向光明处迈步
它将永远不会泯灭　永远不会逝去
使我在每一个彷徨之夜　没有女友也不会孤单

我的青春像绸缎
它点缀着每一个无悔的梦
它使我觉得生命从此有了颜色与光亮
它将永远狂溢　狂溢在神意的巇岩
使我在每一个疯狂之夜　没有光环也不会坠落

我的青春像风筝
它用力捕捉从四面八方而来的灵感——风
它倔强地从尖尖楼阁里爬进来
它死死地绝望地从细缝中看向未来
使我在每一个迷茫之夜　没有翅膀也能飞翔

我的青春像波澜
它拼尽全力去展现一朵美丽的浪花
它在荆棘锋利的林中尽情地向前奔跃
它望着东方那一轮洁美的月
使我在每一个失意之夜　没有思潮也不会沮丧

我的青春是无悔的
岁月冲刷不了它的传奇
在遥远未来的某一夜
它将速然崛起　向人们讲述——他平凡但不平淡的一生

月亮塔[1]

远方　有一轮梦幻般的缤纷之月
在迪拜高速公路的某一个上空
缤纷之月　缤纷之月
你的美丽如公主的嫁衣
迷幻之月　迷幻之月
你的轮廓如典雅的神庙
我是那么地爱你
这迪拜上空的仙灵

驶着摩托　飞奔　飞奔
驶着铁的骏马
我定要来到世上离它最近的位置
驶着摩托　追风　追风
即使驶至下一个世纪
下一个冰川来临的时期
我也愿意
驶着摩托　长歌一曲
它的轮廓渐渐清晰
它的仙姿越来越美丽
直至达到它身旁
我义无反顾地爱上她

远方　有一轮梦幻般的缤纷之月
在迪拜高速公路的某一个上空
它像鲜妍芳菲的女神
恣意　酣睡在这座　足够配得上它所有生活追求的城市里

---

① 月亮塔：迪拜的一座标志性建筑。

童年时代

天上飞机飞呀飞
地上牛犊滚呀滚
趁着东风
在小树林里
边跑边笑地放着纸鸢
这便是我的童年
小蜜蜂嗡嗡地回旋不止
花蝴蝶翩翩地花间起舞
那时候的天总是那么地蓝
那时候的水总是那么地清
秋蝉　蟋蟀
没日没夜地歇斯底里鸣叫
那便是我的童年
小蜻蜓停在了荷叶上头
绿杨湖畔
大姐姐听着情话
倦懒地偎在他的肩头

一个人的时候

院子里跪着一只鹿
屋子里躺着一本书
当我还是一个人的时候
每一阵清风吹来
都让我感到莫名的孤独

我一个人踩着泥泞的土地
一个人听着小鸟的呢喃
枝干沙沙私语
一个人静静地坐着　卧着
一个人呆呆地望着窗外绯红色的天

当岁月渐渐地走尽
机遇　时遇　增添了奇妙的遭遇
当我早已不是一个人的时候
我会回头望去
所有的一切　早已不留痕迹

杂 记

抬头望望那自由翱翔的飞鸟
天空好似绯红绯红的玻璃
茫然前行
没有目的
无所事事地拿着软枝鞭打着摇曳的尖叶　草浪
踏过这寂寥的山岗
听小涧的密语
强打的精神不能支撑眼皮
稚雏缓缓地睡在树窠
静下心
听澹澹的流水
将所遭遇的不幸
向这深涧吐诉
河流飘着柔曼的轻纱
夜深人静时
又梦见了她蒙面的仙姿

树的痴情

铁蒺藜前欹斜的那棵老树
日日夜夜守望远征的归人
不论周围已从山野迁为城市
不论日月已从沧海变为桑田
它还是没日没夜地期待
生怕旅人归来　伊人未见
离别时自己还是春闺梦中人
如今鬓发早已白如秋霜
它不相信对方的负心离异
它不相信命运的玩笑游戏
它不相信大海会退潮　太阳会西沉
它只相信情感故事还没画上句号
而岁月沿江还有人同情这苦情之人
它的枝干越来越老朽
越来越经不起长久的眺望
岁月的磨砺
假如我也在爱情的路上迷失自己
假如我也在成长
我一定会看清自己
不让眼泪流得那么不值

想你的夜

灯芯明暗不定
一遍一遍地念叨
星儿
愈来愈少
像着了魔
你的心儿像丢了魂
意欲追逐又意欲逃避
徘徊　徘徊
焦躁不安
空气压制着我的心
在每一个想你的深夜

少年初恋

男孩的内心像小鹿
女孩的内心像小兔
都在扑腾扑腾地乱蹦

不好意思地坐在一起
不敢直视　话语不知从何说起
却把小手放在了一起

情在艺坞

天　是在白昼
可我的心却在深夜
她不懂我的心为何会在深夜
因为她是白昼里的佳人

雨　下在傍晚
可我的心却在南极
你不懂我的心为何会在南极
因为你只是在夏天的傍晚里路过

她不懂我的心在冰塔里打寒战
我不懂你的心在花香里恣意
如果有人问
为何让偶然的爱情成了必然
只因我们曾经互相靠得太近

荷塘偶遇

细雨蒙蒙
微风拂动着莫奈画中的你
杨柳依依　巧笑倩兮
这是举起这把花雨伞　停住脚步的你
碰撞过眼神　我遇上对的你
一缕阳光让你在碧叶中偷窥的眼神暴露
耳畔泛起浅浅红云

蝶 语

我不像你　心敏思密
在高高的枝头
寻找自己的栖息之地
我只是蜗牛
把脸贴向冰冷的黑壁
而后任时间去打磨
任暴雨去侵袭

天上的草原

高高的　无垠的天上
一道蓝　一道白　一道白　一道蓝

像迷彩的格调毛衣
像幻想的镜头

看彩虹笑得多么灿烂
天上的绵羊群　快意地奔腾

天上的草原如此蔚蓝
地上的草原如此碧绿　静谧

河流是地上草原的血脉
同时　也应是天上草原的灵魂

那清清潺潺的流水
凸露的鹅卵石后　游动的藻荇

蒙古包带着神秘而粗犷的音符
无垠的草原里　歌舞　摔跤　赛马

像雨儿给寂寥的花草送去上天的慰问
像自怨自艾的诗人独自沉吟

像画师纵情地写意内心世界
像风儿洞穿狭窄的窗缝　像吹笛

像书法家随心所欲地笔走龙蛇
像摄影爱好者捕捉最理想的快门

有多少浪漫的爱情　典故　习俗　得以传承
有多少唯美的艺术　风景　人情　能够延续

理 由

请给我一个理由
让我原谅青春的背叛
时间无言
默默地争相流走

请给我一个理由
让我原谅冬夜的苦寒
山河无情
慢慢地先后落寞

请给我一个理由
让我相信你是爱我的
我在你心中
有一个不可逾越的位置

而你没有理由
关上门
转身就走

雨中哀曲

大雨　宣泄着不一样的冷冷清清
报纸　风筝鸹翼一般地闭日遮天
我静静地躲在寻常而陌生的门口
外面
只有慌乱
风呼雨号的凄雨

镜　子

我迷惑地问镜子
镜子里的人
是不是你自己
镜子迟疑地问我
这是我一生最沉郁低迷的时期
连自己
都不认识了自己

诗歌的浪子

当世界变喧哗了　我忘记了你
小小的诗篇
当人生变精彩了　我遗忘了你
小小的灵性
但请不要伤心　但请不要悲嗟
我就要回来　以全新的姿态
认识你　拥抱你　亲吻你
请你不要转身离去
请你不要轻言放弃

当世界变喧哗了　我忘记了你
小小的诗篇
当人生变精彩了　我遗忘了你
小小的灵性
当世界变孤独　我又想起你
当人生变落寞了
我才得以认识真正的你
我就要回去　以全新的姿态
爱上你　珍惜你　保护你
请你不要轻言放弃
请你不要转身离去

我是一个诗歌的浪子
被关在了坚固铁黑的门栅内
但请命运之神怜悯我
给我一角足够栖息的生存之地

契 机

当寂寞来袭
星光灯影下的自己
显得格外孤苦伶仃
总会想你
想你是爱的契机
总会梦你
梦你是放不下的契机
你的名字　千回百转
盘旋在我脑海里
而当你说你恨我
你的契机又在哪里

当无聊时在步行街闲逛
总会无意间走至尽头的星巴克咖啡厅
总会一边品饮咖啡一边想
人生就像一杯星巴克咖啡
唯有细细地品味
才会在短暂的时间里
品尝到最享受的滋味
而当我每次这样做时
我的契机又在哪里
就像感情中的爱恨情仇
我的契机又在哪里
契机是个谜
不是简单的个人
可以说得清晰

多米诺骨牌

生活就像层出不穷的多米诺骨牌
你永远不知道明天将要面临的
是多么艰险的挑战
生命就像不断流走的多米诺骨牌
你永远不知道明天将会面对的
是多么艰辛的任务
你抽掉了手中的一张牌
却不知生活因此满盘皆输

呼 唤

星是那遥远的天际
一点点　像水中千万根银丝的波光闪闪
叮咚　送走了下一个冬季
我爱这树
爱这优美的湖畔
在轻雾飘雨里失去了方向感
走到了右街的杂货店
轻轻地听你呼唤
你的面孔
渐渐地在脑海中浮现

婴 儿

你在地上无力地写着
我不知你想要说什么
你在地上尽情地画着
我不知你想要表达什么

而你的眼睛分明在与我对话
而你的眼神仿佛正在向我做表达
就像至爱的亲人将要永别的那一刻
他的心灵通我的心
传递着一生最细琐而又最温馨清晰的肺腑之话

夜的盼望

明月在百叶窗前探望
黑夜不能使我恐惧
而我今夜不能和你在一起
因为我不能给你所想要的爱

我学会了在荒凉的街上踟蹰
我学会了在冰冷的心上漫步
我不是不能和你在一起
只是同样地期待
与你一样　想要的爱

代 沟

老树弯弯地垂下了腰脊
新竹狂热地高昂着头
河畔青柳
彰显了岁月　年代所产生的意境

雨 夜

雨声　滴滴答答
谱成一曲乐章
它是上帝的眼泪
大地淹没在这演奏里

哀愁的回忆
没有过多的话语
没有过多的事迹
最深刻的回忆
是你冷艳高贵的神情　沉静直爽的性格

当我走过　又留下什么
一个人的雨季不需要伞
我想在大雨中飞奔
任它侵袭我的任性

荆棘鸟

梵高爱太阳的追随者——代表希望的向日葵
我只爱真爱的追随者——朝阳下的云雀　月影下的夜莺
但如果我的一生由自己决定
我愿做一只荆棘鸟
用我的生命为爱放歌

我 们

不知道你的感受
你像狸猫一样戒备这个世界
当我像老鼠一样逃过
我的记忆被你彻心彻骨地打破

不知道为什么
狸猫像你一样讨厌着我
同是内向的人总易产生误解隔阂
当我轻漫的步伐在你的傲慢和偏见里走过

凌晨一点钟

所有的鸟儿都落在一个枝头上团聚
所有的情绪都落到了一个悲伤的尽头
熟知的竹竿无法送来安慰的话语
就这样一个人走到了时间的尽头

所有的理想都已经灰飞烟灭
所有的硝烟战火都已经无息蔓延
不敢放飞那不知名的小金雀
怕无垠的天穹吞噬它娇小的身躯

现实生活与我有太多的不协调
河岸的排排青槐向河流行注目礼
无数的白帆纵横交错
遍地的车马来来往往
没有人会去停下脚步问我的忧悲
天空飘下了一层层薄薄的细雨

蒲公英

当一阵风吹过
蒲公英
它轻轻柔柔地浮在空中
孤单的
美丽的
善良的
当它小小的身影映在清澈的湖泊

当一阵风吹过
蒲公英
它腼腼腆腆地步入云里
静静的
幽幽谧谧
绵绵的
淡淡的
当它小小的身影放出了希望的歌

自勉力

天会蓝的
草会绿的
相信自己
不要难过
面前没有过不去的长江黄河
立春在沉眠的冬天已经如约来临
这一切
都会好起来的

山会清晰可见的
雨会停止喧哗的
相信明天
这一切
一切的一切
都会好起来的

海 湾

我来到质朴的海湾　脚步踉跄
幻影的白豚像云朵一样涌起
用力地划着小舟　炊烟袅袅升起
海湾
那样我将闭上眼睛
与你一同醉倒在星眸之下

等到天空下起了白毛般的细雨
等到时光已渐渐走向阴郁
等到人们急急慌慌地去避雨
海湾
我依旧风雨无阻地摇着小舟
不曾离去

因为你也不会离开我
在我迎接暴风雨之后

爱过 错过

生命有一次机遇
机遇里有一个你
而我想去抓住
抓时与你失之交臂

岁月有一片狼藉
狼藉是一个噩运
而我不曾逃离
我逃离　落在了你的云里

壮美的自然史诗被一笔一笔勾起
噢　这不是百赏不厌的名画
这不是脍炙人口的诗歌
这是一次呼唤
大自然的世界里
海的呼吸
它呼唤着海明威小说中的渔夫
它呼唤着神殿里明亮的灯塔
它呼唤着特洛伊战争的勇士
是风儿给予它足够的勇气

海的呼喊

紫罗兰最后一遍绽出了蔚蓝的花裙
只是轻轻地亲吻
将要吻着大地的胸膛睡去
在这一风雨雷电夹击的盛宴
汹涌的海水尽情地恣意
巨澜每一次涌起都天昏地暗
每一次覆盖都铺天盖日
海鸟与豚鱼演绎着自然的热剧
当我的生命注定要被鸟枪击中
我愿意化为孔雀的彩羽
桃梨落花雨
在海的呼唤声中
销声匿迹

蓝 鸟

蓝鸟　蓝鸟
你在天空　你在翱翔
熟悉的天空里没有新的方向
别人已无法知悉你为何要坚持着遍遍周旋
蓝鸟　蓝鸟
你是月亮　你是繁星
你提着灯笼　树下幽会
踉跄在天上的街市

远在原始人的壁画上
印着一只蓝鸟
虽然你再也不能飞翔
你的模样
你的灵魂
仿佛依然在天空翱翔
像蓝天一样漂亮

平凡的生活

平平淡淡
一个人的生活　就够了
简简单单
一个人的一生　就足了
不追求地位的显赫
权势的超然
不需要生前的丰饶
身后的崇拜
简简单单
一个人的一生　就够了
平平淡淡
一个人的生活　就足了

如果可以
我愿心满意足地呼吸乡间的空气
如果可以
我愿付出自己的一生
在文字里

悄无声息

悄悄地
落叶绕过篱笆
飘进我心中的风景
贴在阶前
静静地泣泪
悄无声息

悄悄地
时间一天天过去
使我难以忘怀
故乡那满天遍野的蓝
悄无声息

悄悄地
树叶做了最后一夜的苦力支持
瘦弱的枝头
静静地屹立
悄无声息

悄悄地
当孤独的流云都销声匿迹
当嗷嗷待哺的小羊崽都已苍老
我悄悄地背上包
安静离去　悄无声息
时光就如生命
来也匆匆　去也匆匆　悄无声息

冬天的回响

当冬天流下了深沉的泪
整个世界都下起了磅礴的雨雪
当冬天早已飞走了
严霜在岩岗销声匿迹
当冬天下了最后一场雪
我才知道她是真的来过

我摸摸脑袋　走下扶梯
坚强的女郎　为何在夜里偷泣
那垂柳下的老渔翁　在钓
在钓的是否只有那寒冰江雪

天空有几声难得的胡禽鸣叫
从阿里山来　到日月潭去
奔放的河流
隐匿着冬天的伤痕
风里有鸟语花香
野草里有螳螂蝗虫
放下吧　放下吧
忿忿不平时的责怨
澹澹的绿水流入山洞
发出了冬天的回响

只为　最美的遇见

惆怅的步伐附着低视自己的人
缓缓地踉跄前行
痴情的火焰
已被冰冷的脸所泯灭
我在单恋的死水潭
成了一只孤独的鱼
蓦然回首
发现了同样受伤且可爱漂亮的你

你似飞天的青鸾
像迷醉的彩鸳
像梦中的下凡仙子
像春晖里的天鹅大雁
虽然我只是一只努力攀登的蜗牛
虽然我只是一棵岩缝里生长的小草

可我渴望挑战自身的极限
我要大声地呼唤
呼唤你的姓与名
你是河岸的金柳
你是碧水的芙蕖
我不顾安危地潜游到你身边
希望今生与你　结一次缘

小沧桑

命运像病榻上的孩子
风雨中夹杂着雪花
是在窗外恐吓着呢
霪雨的天气封闭了思绪
我的心再也激不起任何波澜

入戏太深　不要自责　不要怨恨
丝绸似雨　缠缠绵绵　千绕百转
荆棘深林
美丽的鸟儿和凶猛的走兽
都猜不对方向与位置
有人选择放弃
有人顽固坚持
冷峭的山头没有适意
肩背上匐匍过的小沧桑
毕竟已经过去
重新整理起行头
用更勇敢的心穿越那巇岩与松林吧
只有被修剪过的枝条才会硕果累累
唯有被伤过的玫瑰才会开得更加艳丽

花

那一片片冰莹的心
落在他湿润的脸上
而全然不知的他
错误地关上了情愫的门

当他的思绪拾起了她的香囊
当他打开窗门向被遗弃了一夜的她追问
她早已消泯了幽香甜美的踪迹
地上只有她貌合神离的残躯
化为水　化为空气

结束语

陌生的天空　陌生的雨
陌生的世界里　有你
那一串串踉跄的足迹

熟悉的栀子花　熟悉的身影
熟悉的巷陌里　有我
那一段段真情　袒露过的思忆

你不知道的事

我的呼吸与深沉的夜一样叹息
我的思绪与深沉的夜一样哆嗦
漫漫的长夜
没有你
只有我　一个自己

百叶贝

夹杂着泪水
夹杂着憧憬的心
默默熬上忧愁的纹
心灵有丝憔悴
当爱情　化为友情　化为亲情
真挚的情意
也只能埋在最深处的心底

爱这花期

多情鸟　无情花　真情的袒露却换来一撮黄沙
心彷徨　意踟蹰　诉衷情的她毕竟姗姗来迟
情似花　泪如雨　多情的雨浇灌着最美的花
恋为诗　恨为曲　一字一句唱不休　那深沉的经历

距离

她总回头觑我
而又怕我知道
她坐在横桌的末位
而又怕我靠近
我从不敢对她言诉衷肠
因为我也同样小心翼翼
小心翼翼地关注她
小心翼翼地守护彼此的距离

我不知她的人格　修养　以及道德水准
也不知对她的情感表达　流露
是又一场灾祸
还是梦寐以求的甜蜜
是静谧的背叛
还是不慎执手结伴在一起

迷茫的心探在迷茫的云雾里
耳边回荡着惨淡的未知之语
害怕拥抱　更害怕所谓的失去
也许这就是所谓的距离

也 许

也许冬天也有不为人所知的情义
也许黑夜也会温和且温驯
也许荆棘也能用无比柔软的心对你
也许　也许
也许岁月正朝着心中的方向膜拜
也许真爱是在情感中摔倒　才会拾起的宝珠
也许乌云下的密雨并非春天在流泪
也许　也许
也许朱鹮生下来就注定要寻寻觅觅
也许蚂蚁命中注定就只能去忙忙碌碌
也许　也许
也许静谧的高原野岭才会渲染灵性
也许辽阔的天空并没有边际
也许　也许
当我知道这个世上存在一种也许
我开始审视自己　重新面对眼前的斑斑驳驳

落花垢

我把心的一页页交付给你
那是你曾经探不通也猜不透的谜
没有更美　更好的言语可以寄予
只希望你能每天生活得开心快乐
莫辜负了自己的花期　与春季

一念之间

我想过生与死的距离
爱与恨的分叉点
可能就这一瞬
也许就这一瞬间
生与死选择了不同的归宿
爱与恨辨别了发展的方向

吻 你

轻轻地
轻轻地吻过你的粉颊
你正在梦想里甜蜜地遐思
时而疑惑
是什么梦让你如此地甜蜜
是我轻轻地
轻轻地吻着你的脸

望着你安静地睡去
心中好是甜蜜
你的脸庞也升起了红晕
仿佛知道一切
在这亦梦亦幻里

轻轻地
轻轻地吻了你的前额
你的脸颊挂起了柔美的笑
时而乱想
父母的溺爱是否也如此恣意

轻轻地
轻轻　轻轻地吻着她的前额
望着你缄默的面容
回到了枯玫瑰的小木房里
从此生命结起一个心结
一头是我　一头是你

雨中茅茨

插竹的主人早已休息了数个世纪
郁郁的翠竹依然点缀这小小的旧篱
依山傍水是理想的明宅出处
而我独恋这密林中狭矮的茅茨
就像我在意的只有爱的付出
并不在意其他什么

夹杂在风雨中　是修竹异样的冷峭
春雨滑落了后　这一切都已平凡
这风雨中　不是凌乱
那一笑　也是翩翩

窗子里的人

一个人　关上门
不冷　也冷
不冷是外表　冷的是心中

爱你不解释

当岁月早已翩翩跹跹
当时光不再流流转转
当那双哭红了眼的嫩颊
不再扑朔迷离地在眼前浮现

每当我闭上双眼
每当我回忆起当初的无数个夜晚
每当我分不清楚
红白花瓣与蛱蝶的留恋飘散
我都会想起见你的最后一面

那是我强忍爱意牺牲的情
这是我从未有过坦白的言
你是我的至爱
无论今生今世还是永远

对于你的强行逼问
我从没有任何言语
这不是因为心虚或者突然哑言
而是因为我爱你
所以选择了不解释

摇摇晃晃的人生

一个不甘平庸的人
走上摇摇晃晃的人生
杉林迷惑了人影　鬼影　树影
直到踟蹰　蜿蜒曲折在陡峭的尽头

黑夜　这是一个不甘平庸的人
他今夜或许睡在荒凉的崎岖山路
或许品尝着别人的残羹剩饭
但总有一天
人们会发觉
如今的挨打是明天的基础
如今的低头是明天的光辉
黑夜　这是一个不甘平庸的灵魂

忘不掉

忘不掉
你的妩媚　你的笑
你的上眼皮　那淡淡的浅疵

忘不掉
你的马尾　你的好
你的话语里　那单纯而简单的美好

忘不掉
你的凝寂　你的缄默
你的身影　那黄山峰坚挺着的高不可攀的长松

忘不掉
你的清冷　你的忧郁
你的发际　那一弯　浅月似的容颜

忘不掉
你的悲思　你的讶异
你那颗不善于表达的心
使你的美貌　由白莲向粉荷般缄默地变换

忘不掉
只因我依旧喜欢你
放不下　只因我仍然爱着

爱的心形路线

我是这样辨析所谓的爱情
也是这样诠释所谓的爱情
两个人因某事不得不分手
而心中怀着那些憧憬的情愫
过往的依恋
两个人本以为可以彼此渐行渐远
却都在起伏跌宕的爱情码头
双双中枪
不知不觉中
两个人想到了彼此
想到了曾经
对美好的不加珍惜
而缘分恰到好处地做到这一点
当他们都迫不及待地回去
却发现
一切都变了
也就在那一瞬间
成就了一段最美最美的爱恋
爱情与恋情的区别就在于
再遇时　彼此还能否再遇见
再遇见彼此的初心

夜行人

是清塘的一片蛙语
激荡了我的诗思
在这夜深深时
在这人静静时
在河畔的芦叶们相互致谢

是头顶的那缕洁白
挑起了我的悲弦
在这夜深深时
在这人静静时
在风浪吹得卵石手脚冰凉时

是磐礁　是渔灯　是梦
唤起了快活而欢悦的我
在这夜深深时
在这人静静时
在这只有树影与草影相映时

我赤脚行在凄厉的风中
刺冷的波里　寻寻觅觅
寻寻觅觅着一种无比欢畅而狂热的赤裸裸

大年三十琐笔

岁月收敛起过往的尘埃
你的烟花激荡　我的烛光闪烁
一年如施工般将要封笔的集子
孤零零地割舍在时光的太平洋
这城市欢腾如澜　我的心却平静如海
闲余时悟读几篇文章　寻觅数张纸屑
把心的感慨驰奔在字里行间

空空荡荡

这节车厢
空空荡荡
就像浪子的心
空空荡荡
空空荡荡地呼啸而过
空空荡荡的
凄婉　迷茫

烟 花

那激情的澎湃　璀璨的是烟火
你是　你像　当它触碰在强弩之上
那爱与恨的交织　粉与绿的掺杂
你是　你像　当它铺张着情感的隆鸣
那岁月的牵挂　青稞上的梅雨
你是　你像　你是天空中最美的烟火

我愿意为你　变成那桂林山水的小舸
顺着你的欢欣　游过最美的河
我愿意为你　变成那山中的百灵鸟
顺着你的声音　唱着那最美最美的至死不渝的歌
我愿意为你　变成那涓涓的细流
顺着你的心灵　使你性格　变成那最美最美的溪泽

如果你也愿意　请放出许愿莲灯
随着依依的河流　流过那小桥流水人家
如果你也愿意　请对我袒露心声
随着娇柔的脸颊　流下那珍珠似的泪
如果你也愿意　请把心封寄在信笺里送给我
随着浪花逝去　你成了我心中永远退不去的波

雪与松

凌风曼舞
飘散在满是雾凇的空中
松树用层层叠叠　密密麻麻的云来接拥
捧在手里怕碎了
含在嘴里怕化了
爱的怀抱假若无法给予你想要的天地
愿它贴近博爱的田垄
白雪皑皑掩饰着　难觅踪迹

岁 月

岁　一天天铺张着
像无数蜿蜒的鱼龙
卷毛清晰的绵羊
震荡川峡的浪花

月　无人的深夜化作流莺
在纯粹的梦境痴鸣
野蛮的失意悲泣
挂起来在天空中冻结成了忧郁

神 域

神圣的天址呀　神圣的天址
你在阿尔卑斯山的天上
只有幸运的人才能到达
只有幸运的人才能找到

神圣的天址呀　神圣的天址
你没有门　亦没有窗
在阿尔卑斯山的天上
最高最高的神址之上
从来没有人进去
虽然来觅的人接踵而至

神圣的天址呀　神圣的天址
经过你可以与世上最美的仙女相约
经过你可以解释那幽秘的神谕
只有幸运的人才能找到
只有幸运的人才能看到

神圣的天址呀　神圣的天址
只有心存良善明正的人才能找到
只有对天忠实的人才能到达

孤单是一个人沉默的理由

孤单是一个人沉默的理由
寂寞是一个人堕落的借口
问世间谁能做到无怨无悔
问世间谁能生来经得起七情六欲

雨与雪相拥只那一瞬
爱与恨交织只那一瞬
一瞬间有太多的千幻万化
一瞬间有太多的悲欢离合

北极星总起在月的前头
麦穗儿总睡在雪的下头
而最终挺到黎明的是月而不是星
而最终真正成熟的是麦而不是雪

被遗落的是记忆　还是伤悲
被抛下的　是秋思的愁颜　是过往的泪

新 月

一弯新月
挂在深邃的夜穹
发着微弱的光
闪闪发亮

外表安静温和
内在却稳重
倔强　坚韧
好似白玉兰　郁金香般馥郁芬芳
宛如童话般的冰雪世界

哥本哈根漂流记

淌过浪花掩盖过的漂亮的画墙
古老的城邦最容易使人迷茫
庄严的皇室乐队敲起幽远的钟声
这是卢森堡　维也纳
心灵渴望的地方

经过这络绎不绝的人群
孤独的背影更显得失落而伶仃
是谁曾在不注意的地方偷窥
是春心荡漾的女郎
是枝头欢跃的雀娘

算了　反正有的疑惑已不在身边
今朝的天气怎么这样明朗
琳琅满目的玛瑙翠玉　难辨贵贱
内敛的带棘花簇　开不到我的身边

这沉睡的海沙珍珠被谁捡起
这零落的落叶下的花朵谁来收敛

相逢与别离

相逢的日子总是那么短暂
别离的时光总是那么漫长
漫长的日子里难以寻觅相同的甜蜜
一束光照见了远处的白帆和湛蓝的海洋

相逢的日子总是那么平淡
别离的情绪为何那么的汹涌感伤
你的情义已深深烙印在了我的心上
我的身影是否也在你的梦里梦外游荡

相逢与别离的关系
有时也正如西湖湖面上那一叶小舟
情感也总在无意间才发现
离别并非情义的尽头

浪子简牍

我没有才思
亦没有才情
在鸟儿肃静的天堂
唯有无休止地张望

张望着峭立的葱翠
张望那悬崖边的急湍
大鸟遮住了渴望的双眼
天际闪烁着几点游荡的寒星

江南弄

我的梦想
就是在扬州的小贩摊上
吃一碗热乎乎的阳春面
听一曲扬州慢里的阳春三月下扬州
江南的女子有才有貌
江南的风光有碧荷羞柳
我也想去避闪生活之恶的百般侵袭
伸开手　拥抱住那唯美的人间天堂

机 遇

从她的身边踽踽独行
从我的衫襟疾步而过
像是那嘴边的肉骨头
像是你脚下的狗头金
而它的身影就如风一样
如风一样地不容回头张望

我们都活在岁月殷勤的路上
都是上帝指派到人间的匆匆过客
没有人在意经过时留下了什么
没有人永远活在幸运女神的橄榄树下

当我们获得时
请不要过分得意
当我们失去时
也不要过多心伤
匆匆的过往
只为告诫着自己
唯有积极进取
这个世上才有更多美好的机遇

别 了

别了
高山深处　蜿蜒的大河
你那么委婉惆怅
到底在岁月的长河中留下了什么

别了
夜色里高歌的小金丝雀
不要总在这枝头歌唱
小心夜里着凉

别了
这远处的坡野
别了
我爱过的迷人地方
让我在转身离开的那一刻
最终嗅一嗅故乡泥土的芬芳

噩 梦

它是凌晨的脚步
它是凌晨的钟声
黄鼠狼拖着大尾巴飞窜
夜猫子在枝头声声寒暄

今夜里并不平静
今夜里并不宁谧
这枝头的嫩芽不知何时发起
这可怕的噩梦不知何时结束

寻 觅

在司空见惯的花野里
寻梦者还在寻觅
寻觅那现实当中难以觅得的荣光
寻觅那海湾桥畔无法辨别的惆怅
寻觅那凄冷而带有芬芳的月亮

在习以为常的花园景点
寻梦者还在寻觅
而何处得以寻觅

花丛中

花丛中　草丛里
一只小小的蜜蜂
枝头上　芦荻里
嗡嗡地飞来飞去

栏杆旁　树冠间
一只俏美的稚雀
清道夫　楼宇前
吱吱地活蹦乱跳

小时候
总觉得像它们一样该多么快乐
长大了才懂
它们也在为生活而奔波　而忙碌着

来不及的礼物“遗作”

你的心　像玻璃
那么明净　亦那么美丽
我的热情我的真挚把你湮没
可你的心　像玻璃
任它波澜澎湃经受无数侵袭
你的身体　你却没有一点知悉
我的热情如祖先麾下的象军虎师
而你如玻璃　如铁筑的小小瓮城
任由它决堤成灾　汹涌澎湃
任由它火一般迎难而上
难道生命中我只能做你的绊脚石　你的敌人
不　我的内心是真真切切地爱你

你的心　像玻璃
那么明朗　亦那么美丽
胸中的千万情话想送给你
而你的心　像玻璃
我们两人的世界　被这误解的玻璃狠狠隔弃
越是真心实意地喜欢你　之间的距离越是愈离愈远

情 话

一

快乐的时光用清风去勾勒
浪漫的岁月用芳菲渲染着
千言万语尽在那回眸一瞬
我爱她　却不能说
倘若快乐和浪漫都能够留住
幸福的日子会不会来临

二

是不是彼此太过亲近
你的形影无踪亦无迹
是不是因为太过迷离
我的灵魂无法时时刻刻地陪着你

陪着你去看那西天的霓虹
陪着你去讲星座间的逸事
垂着脸　等待满天冰雨落下
那冰雨落下的是千年不化的牵挂
抬起头　请求珍藏一缕情丝
那情丝留下的是万年无解的谜话

三

我爱她
站在冷默的风里
轻轻地吻醉了她的眼泪
她搂着我
停在寂寞的雨里
我微微地打了一个寒战
闭上眼　那温暖
如泪珠温柔地滚呀滚
我感谢上帝
这个世界上
还有一个人如此爱着我
寂寞的时候　有她陪我吵闹
落魄的时候　有她陪我欢笑
孤独的时候　不让我一个人害怕
伤心的时候　耳畔有一句句贴心的话

眼 泪

天阴后　雨化为天的眼泪
告诉我　上天也需要安慰
拂晓前　露挂上了篱前的牵牛花瓣
告诉我　牵牛花也要人陪
更夜里　流星划过夜的脸颊
告诉我　黑夜也会哭泣

天晴了
秋月明辉　阳光灿烂
人前它总是露出那娇柔的笑靥
天明了
鸟语花香　芳菲迷人
人前它总是那优雅的身姿
天亮了
朝日初上　鱼跃虫鸣
人前它总是露出那迷人的清澈

对燕子的告白

我不敢言
并不代表我不在意
我太在意
才不把爱轻易地说出口
快乐也为你　伤心也为你
你的每个行为都让我着急焦虑
当我早已走过　路过　错过
我才发现
我已深深地爱上了你

新不了情

娴雅的幽风
吹不醒
枯枝的残骸
落叶的消泯
看新春的喜鹊
噙着丫杈不住哀鸣
想留住
亦无法留住
想搁置
亦无法搁置
只能化作一枝玫瑰
折磨那刺痛的心灵

关 雎

把每滴眼泪
洒在你的海里
希望你的冬天
不再有寒意

把每次慰问
寄在你的春里
希望你的生活
不再会伤心

把每次笑容
放在你的梦里
希望你的灵感
开得花儿般美丽

过去
只是把你的身影
投映在我的柳渠
看你画儿般的影
随着春风洋溢

美丽的翅膀

花儿
当它吐出花苞
它便坚持要绚丽绽放
鸟儿
当它已生出翅膀
它便注定要勇敢翱翔
它们哪怕再难也要绽放
哪怕再苦也要飞翔

花儿
就算萎落枯去
它也不悔曾炫彩的一生
鸟儿
就算折翼殇灭
它也不悔那飞过的碧穹
每个人
都有那双隐形的翅膀
它决定了你今生是上天翱翔
还是委地匍匐

相思

有一份情
刀剪不断
锤砸不扁
锄耪不烂
梦里相见
心儿醉
梦儿醉
人流泪
多少往事
已化作风
化作雨
化作飞烟
独自承受
多少苦
多少醉
多少心碎

爱

看着你
有一种甜蜜
直到天荒地老的那一天
想着你
有一种欢笑
直到海枯石烂的那一刻
盼着你
有一种高兴
直到沧海桑田的那一夜
梦着你
有一种知足
直到世界末日的那一秒钟
看你　一分一秒
希望你能回望
想你　一时一刻
希望你能更好
盼你　一点一滴
希望你会回来
梦你
直到天荒地老
枯木殇灭的最后一秒
我爱你
虽然明知道你不可能再回望
可我依然活在有你的世界里
珍藏那过往的一点一滴　一分一厘

难道爱一个人真的有错吗

独自倚靠在天桥的铁栏
看着人儿
往往来来　来来往往
仿佛她会出现在身旁
人生　多少天桥
又有　多少情感
她又怎会知晓
我对她是多么地爱她　发自肺腑　真真切切

流行音乐

听　音乐的节奏
在跳跃　在狂奔　在流动
在拨动心弦
在驾驭着整个世界
让我们　跟随着音乐的节奏
去抒情　去摇滚　去励志　去癫狂
去见证
岁月的辉煌
时代的新潮流

且听风吟

风儿
静静地吹
静静地
杳无声息优柔典雅地拂过她的蛾眉
扫过她的发梢
梨花零落成泥
蜂蝶转身散去
拾起一瓣
小心呵护在手心
它似只小雀
划着稚嫩的红爪
秋凉了　人走了　心空了　一切淡了
所有的一切都已尘封了
鸟儿
静静地追
回春低窥
幼稚也是一种美
算了　一切去吧
去海边　吹吹风吧

思恋曲

我把我的春天　写在你的梦里
希望你在身边　不再只有回忆
我把我的诗歌　封在你的夜里
希望你的岁月　不再独处伶仃
我把我的口琴　放在你的屉里
希望你的眼眸　不再充满伤心
我把我的汗泪　洒在你的田里
希望你的小芽　尽情开花结果
你像一只蝴蝶　就这样飞入我的花丛
使我的花蕊　开得有了意义
你像一朵花儿　开在我的春里
使我的绿荫　不再那么无趣
你像一个春梦　误入我的小溪
使我的流淌　不再那么空虚
你像一把油纸伞　打在我的头顶
使我的泪花　不再肆意地流去
我枕着你的名字入眠　希望自己不去忘掉
我沉思在你的海里　却不知你如今的芳容
而我只有衷心地祈祷
希望你的每一天
都过得比我幸福美好　心已足矣

刺猬

你像只刺猬
张开威武的雄刺　对每个人防备
你害怕伤害　孤独兀立的样子
也是对自己的一种伤害
我像只混球儿的苹果
明知爱会让自己全身伤透
可依然义无反顾
你害怕孤独
我陪你去看星星
你害怕黑夜
我为你点上心形的红烛
我想倘若是真爱　又怎么会变成恨呢
你像颗核桃
外表的坚强掩饰不了脆弱的心
你的心已被寒冬冰封
也是对自己的一种折磨
我希望你能醒来　躺在我的怀里　流温柔的泪
你害怕风雨
我替你去遮挡
你害怕失去
我代你去追回
好想做你的过儿　永远做你心灵的安慰
我　任你错　任你傲　任你挥霍我对你的爱
但我依然会做你的爱情码头　做你的依靠
陪你去海枯石烂　天荒地老

我是鱼

我是鱼
在汪洋的大海中听海的哭泣
你是一条舰船
沉重的甲板使我们隔离开来
使我们有缘却无分
我是鱼
敞开胸怀让你进去
却获得了无辜的踏践与伤害
我是鱼
真心实意地爱着你
可你连看都未看一眼就道虚情假意
算了吧
鱼儿总是晕头寻找方向　却忘了远方的路障
我只有在独自一个人的深夜
喝酒　流泪　自嘲
心想着　醉了　去了　正好
我是鱼
面前有广垠的大海与岛屿
却守在有你的港口　不忍离去
我是鱼
只因你这只鹭鸶溅了泥泽的水
就冥想与你私定终身
我是鱼
躲不过你那虚假的城府
伪装的聪慧

算了吧
终究挡不住岁月的涟漪
就让水流与风推着残躯的我随之去吧
我只会独自一个人在深夜喝酒
懊恼　心碎　痛苦　自嘲　流泪
而且我知道
就算我无言痛死
你也不会流一滴眼泪
我是鱼
恋恋不舍地离开你的港口
期望你的一句挽留之语

印 象

我企图改变　改变
别人的眼里　众人的嘲里　她的心底
可能无论怎么努力　依然无法改变　改变
已被注定的　无法改变的　早以沁透人心的
一切都已被注定　何况那早已被别人认定
耳口相传　无法改变的印象

蝶恋花

你是一朵红花
我是一株小草
我知道自己配不上你
所以选择木然离去
你是一棵雪松
我是一棵喇叭花藤
我知道自己攀不上你
所以只能举头奢望
你是一株灵芝
我是一片落叶
看着你的朱红脸颊
我愿随风飘去
我知道你看不上我
也知道那一切都不可能
只能把那颗真心埋在过往的土里
任它生根发芽　风雨侵袭

美人鱼

它在水中游摆
珊瑚捧起它的玉颜
水草扬起它的倩容
口中吐着令人清醒的泡泡
它为了心中的爱人
甘愿化为泡沫　浮在海面
用泪水隐匿心中的秘密
花儿再美　总会谢去
枫儿再艳　总会凋落
何不从开始的第一天起
就看清这一切的结局
想起说过爱情永远只是
我爱她　她不爱我
她爱我　我不爱她的人
又怎么懂得爱的真谛
想爱就要爱得死去活来　轰轰烈烈
想爱就要听心灵的渴求
不要物质与外在的影响
真情
哪怕只有爱与不爱那么简单
也值得每个人去感受　去渴望　去经历
去享受它的传奇与魅力

单纯的花

单纯的花
开在无声无息的月下
美丽的原野
荷塘的月色
没有名花那般被人追求
没有珍宝一样的自我陶醉
只是一味地弯腰
把自我深深地隐藏

单纯的花
是天使的明净与洁白的翅膀
开在梦的花园
狭小而美丽的天堂

它需要一个时刻守护的骑士
帮它开辟前方的荆棘
帮它抵挡身边的凶险
帮它走向黎明的曙光

单纯的花
开在无声无息的月下
美丽的原野上
荷塘外的坡上

单纯的花
就如这单纯的人一样
开在充满迷惑的残酷与血腥之上
迷失了自我的洁净
误解了需求与方向
没有开在明媚的春
反而绽在凄厉的秋

单纯的花
你并不该这样
单纯的花
开在自由的方向
单纯的你
已不再这样

暗 恋

有一个自己
埋藏在心底
从不敢表示
直到她离去
有一种情感
化作一种心情
任凭她打骂
心中仍甜蜜
有一颗真心
冰封在日记里
看着她的眼睛
却不敢言语
假若初恋只是个
美丽而注定没有结果的热剧
那校园中
暗恋着　单恋着的初恋
又将会沦为怎样的结局

时光的碎片

没什么
可能爱她太久
成了一种习惯
当初的感受
早已被时光冲淡
真爱已经流逝
只能化作温柔
续写那段往事的怀念
渐渐地
曾经的想入非非
化为冰冷的回忆
当初的愿得一人心
如今成为纪念爱情的标本
岁月已变秋色
又何必强留那枝头的树叶
看它飘飘零零地飞舞多好
生活总要笑着面对
窗外的月光
璀璨的红色
寄情在那恬淡的山水间

两年的暗恋
几月的相思
五年的思念
就当是一股炊烟
当它浮上屋顶
又有种莫名的浪漫
爱的真谛不是得到
而是她过得比我好
不是拥有
而是她生活得比自己幸福　充盈　快乐　美好
不是侵占
而是给对方机会选择自由
希望她每天过得好
那个时代的爱
虽然最多只能说是喜欢
可却那么的真　那么的实
如今的我　经常自嘲
我是个连快乐都无法给予她的男人
还能给她幸福吗
没什么
可能爱她太久
成了一种习惯

花前夜心语

门前
有一棵莲蓬
仔细寻觅另一棵莲蓬
寻觅不到那一棵莲蓬
莲蓬　寻觅　门前
星下
有一种晶莹
仔细观察那一种晶莹
仿佛夜下的精灵
天穹长满多彩的水晶

昨天
还是一种留恋
缥缈微淡的留恋
留恋不到那一刻
昨天　昨天
缥缈的留恋
轻涛
还是一样扑荡
扑荡在无知的滩岸
仿佛万千百次的由衷求爱
却被隔阂之心
万千百次地打翻

爱的怀里

我静静地沉睡
沉睡在你怀里
微酣在温暖娇爱的草坪
入梦
仿佛来到阳春的花海
我静静地
像个孩子那样期待你的爱
你静谧得
像花儿般迎接多姿的彩蝶
任我淘气　贪婪地逗留
暖绵绵的风儿
吹散了你温柔的披肩长发
杜鹃不停地鸣叫
沉醉在春风荡漾的草地上
好想时间永远定格在这一刻
你依着我的肩
我偎在你的怀里

离开你的 365 天

离开你的 365 天　做了 365 个梦
冷郁的梦里
总会有一个你
离开你的 365 天　想你的 365 个夜
每次从太阳的东方升起
到月亮的西边落下
离开你的日子里　我的整个世界都是你

离开你的 365 天
仿佛时间过了几个世纪
回忆的册子里
总会显出一个你
离开你的 365 天
每一天都会用记忆把往事珍藏在梦的风景里
总会幻想你还在我的身边　从未离去
离开你的日子里　我整日魂不守舍
痴迷不已地想着你
直到有一天
我发现你并不爱我
发觉你跟其他人一样看待我
发现你并没有想象（第一次相见）的那么美好
离开你的海域去寻找新大陆
蓦然回头才认识了真正的你
如今的我没有别的怨屈
只恨自己当初对你离弃
没有把你带到原本属于我的最好疆域

镶满宝石的天空

是谁在月光下动情
又是谁孑然一身地唱着这支歌
抬起头来
镶满宝石的天空　也许也显得伶仃
当鲜妍的荷儿开在霓虹夜下
小艇荡起细碎的波纹
此时此刻
镶满宝石的天空　无声无息地响起了风铃
南瓜城堡里的幽灵世界
女巫也许正与小鬼怪们共庆圣诞
身临其境
镶满宝石的天空　仿佛多了梦幻与神秘
当月光洒下你的温柔
熏风扬起你的瀑布般的亮发
有些害怕
害怕在这镶满宝石的天空下
月光照见了你我的心事

学做一名诗人

当高楼点亮起这孔明的灯火
我也曾沉淀
我也曾沉湎
沉湎在裸露的神经　沉湎在深奥的夜里
当秋声洒下那份情怀
我也曾坦言
我也曾坦言
坦言那瑟瑟的美丽　美丽在期候的幻宇
当小艇荡起它的哗啦流水
我也在聆听
我也在聆听
聆听那喧乐的世俗所容不下的另一番恬淡世界的悦耳心音
当我不在这落寞的夜里
我也想张望
我也想张望
张望在普普通通人的生活中的那一番迤逦
那一番温馨　那一番真情流眄的美

我有一个希望

我有一个希望
希望找到一个爱我　且我爱的人
我有一个希望
希望她正直　善良　美丽　大方
伴随着我走过每一个黑夜　白昼　春夏秋冬
与我一生相敬如宾　缠绵欢恋　相扶相伴
与我一起白头偕老　经过生老病死　幸灾福祸
让她与我同舟绕过金柳　做夕阳中的新娘

我有一个希望
希望找到一个能懂我　且我懂的人
我有一个希望
希望她坚强　朴实　聪慧　豁达
伴随着我经过每一个得意　失意　悲欢喜乐
与我一起同舸浮沉　经过那雀跃的春城
与我一同听涧泉竹声　感受自然的美妙
让她与我共醉风光雨景　享受恬淡的生活

美妙的雪叶

飘飞的雪叶　那么地娇美　晶莹　玲珑剔透
落在谁的梦邸　泛着明亮的光芒
像银色的精灵　用魔法棒点亮的城堡
给冷漠的亭街安慰　给冰激的柔情于山房
在这银河般的星境　你披着明艳的雪裙
来到孤独的我的身边　带着沁人心脾的芬芳
飘飞的雪叶　那么地娇美　晶莹　玲珑剔透
落在月下你我的肩膀　泛着银色的光芒
像孤飞的冷翼　分隔彼此的魔法阵
你带着你的冷静　我带着我的热情　不期而遇
疑似雪夜的洁白　不想把最纯洁的本性改变
不知是实是虚的你消失在这梦邸
如美妙的雪叶降浮在这地上

你如精灵似的飞走
听笙箫恬寂地吹响
把泪水忍在瞳眶
没有让你知道我对你的好
让双手合一
心形化为桃色的爱
只能把心愿抛向那天堂
今夜
你是否也像我一样失落　心酸　迷茫　彷徨

风之歌

听　瑟瑟的秋风
风在唱　唱古老的诗歌
在幽静的小巷
听　瑟瑟的秋风
风在舞　在舞原始的舞蹈
在青石板上
听　瑟瑟的秋风
风在弄　在弄晋代的名曲
在悠悠船廊
听　瑟瑟的秋风
风在敲　在敲史前的节奏
在瑟瑟的秋萍滩上
那寂寞冷的幽亭
依然是那么冷清
也许此时能相偎为伴的
只有那身后的黑影与风声

海 鸥

海和浪喜欢同一个声音
屿和风喜欢同一个身影
那便是你
冬日里游览在岸屿和风浪之上
乍一瞬　遮天蔽日的浪
乍一瞬　拔山卷云的风
而它没有妥协　胜利地唳声鹤立在暴风雨林之上

望不尽，情思路

夜　风中枝影摇曳的美丽
星　空中天河那一点透明
你说　蝶恋花是一种浪漫
我言　蝶花恋是一段情结
你言　你没有天仙子那样脱俗圣洁
我说　我没有风流子那般潇洒多才

钟　岁月燃不尽的红檠
情　未来里惹不起的风絮

感应灯

当我静默地　静默地靠近　靠近
它果断地为我将远方的路照亮
当我委婉地　委婉地离去
它没有一声怨　从容自然地熄灭

假如爱情中遇见了它
我将当作上天的眷顾
假如友情中遇见了它
我将看成上帝的抬爱
如果人世间可以遇见它
我将珍惜并做出相应的回应

自叙章

我在秋光里战栗
我战栗秋光的一草一木
条条雪白勾勒了最美的画意
我不甘愿虚度一生
渐入消泯

长夜为我铺就了惨白的脸
不愿对着茫茫黑暮
接连哀叹　就算明天没有太阳
请依然保持倔强　倔强　倔强　愤怒与癫狂
我不甘愿一生堕落
堕落入无止境的荒凉

诗 集

没有必定　没有刻意
只有随便地翻读
而它一滴滴　一点点
沁润我最柔美的心灵

另一半

百合花盛开它的脸
我爱　我亦不敢多言
怕蜜蜂螫痛了它的脸
我泪　我亦不知有多圆
百合花盛开的脸
我爱　有如千千郁叶相伴
怕蜻蜓吻伤了它的脸
我爱她　爱生命的另一半

筑 窠

晴朗的天空　我看上了一只燕子
她那高雅的神情和美丽的容貌迷了我的双眼
我想告诉她
我想一辈子就这样看着她
话到嘴边却咽了下去
吐出来的却是泪血
海风来了　我和燕子一起躲藏在那里
风去了　我却独自离开了那座将倾的岛屿
向日光的方向而去

突然我想到了燕子　迂回向她说　我要救你
她并不给予理睬
我说　只要能拯救你　我什么都不在乎
为此拉近了我们的距离
我真的喜欢上燕子　而且为之付出了真心
它最终没有被我救起　我拼命地跑了
非常艰难地安定了下来

岛倾陷了下去　在我哭时
燕子却飞了起来
我向欢喜的目标游去
心中只有它
我要为它在陆地上筑窠
筑它最喜欢的巢
我在最险要的地方上筑起我付出所有努力的巢
等待着它的落居

快了　快了
我在天空中看到了它的幻影
燕子　燕子
你来啦　快来住吧

而落巢的却是一只海猫[①]
已经不成样子的蛇
守望着天空
思念着　梦中和岛屿一起沉下去的燕子梦

① 海猫：即海鸥。

清 晨

清晨　是一袭清新的风
让人嗤之以鼻的瘴疠阴霾
早已被时光的尘埃所掩埋

清晨　是一缕轻风的热情
盛露的梅萼正在眉头紧锁
蟋蟀与流萤也在欢声雀跃

清晨也有无限的梦
那梦既在缅怀过去
也要面向未来
清晨也有无限忧愁
那忧愁只因昨夜的嘈杂
也许唯有独偎湘君[①]的柳
才能让彼此的心灵相通
比翼双飞

---

① 湘君：《楚辞》中的神话人物。

为你

为你剪下木兰花与佩草
为你留下莲蓬的花苞
为你保护那轻飞的大雁
为你缠绕那爱的常青藤
为你垂下泪囊的红色珍珠
而我所做的一切
你竟无一知晓

也许这就是爱
无人明辨　亦无人知道
在没人察觉的暗处
为你保驾护航　操心到老

仅有的时光

仅有的时光不可强留
美丽的姑娘呀
请让我再多看你一眼
虽然你的面容已由渴望变得铁青
尽管你的细语已由娇怯变得严肃

仅有的时光不可强求
温柔的姑娘呀
请让我再多看你一眼
虽然后天的分别可能像是永远
尽管神往的神情早已变得平淡

仅有的时光
我又能做什么
欢恋的姑娘呀
是一束金色的野蔷薇

颓废曲

低下头
默默而无言地啜泣
是什么在铺就
空中无限的遐想
涕泪交集
红泪带来金鲤的吮吻
五羊城[①]中
又是一份迷离的模样
花穗心太美　不忍去侵犯
苦涩的泪
醉意化作灰飞
是什么　铺就了空中无限的想象
低下头　默默无言地坚强

① 五羊城，广州故城。

晨遐

那一晨
向着地铁站缓缓地走
遇上那对恋人相拥　热吻　温柔地牵手
我并未窥见
低沉地一步步前挪
正当春节临近
我还是一个人孤独地行走
夜下城渠的清冷
没人遐思其处境
天鹅只愿在阳澄湖的轻漾里秀恩爱
黑鸭子快活地游来游去

自然法则

被一步步拉长　拉长　再消泯
再一步步拉长　拉长　再消泯
不知在往复不断的拉长与消泯中
获得了什么　清楚了什么
只有一遍遍地
一遍遍地重复　重复
重复中更变了远处的高山
附近的人影

就像薰衣草由盛转衰亘古不变
就像名门望族由昌化衰的自然规律
就像亘古不变的原有局面中
不断更换的爱情　友情与亲情
不同的是
我们在改变　时光在推移　世界在成熟

美妙一日

美妙的清晨
仿佛是从阴雨外等来的一缕晴云
人生陶醉着这一束浅淡色的美妙
仿佛从一塌糊涂的落寞之处逃脱
前方即使是朝霞
也有无限渴望
仿佛方从爱情与生活的窘境中得以解放
生活像一部有节奏的交响乐
欢快地在岸上柳荫吹响
生活像一种百鸟争鸣的幻境
梅雨中的采莲女
荷叶当伞　千娇百媚
生活是一种吉瑞的象征

失眠夜

下一秒　下一秒
同一个人又在谁家的屋门巷口等候
等候那芬芳的落花时雨
等候那夜色的光圈　消泯于宙宇
等待一生中
唯有的一次相濡以沫

下一秒　下一秒
揉碎的话语　怎样无奈地向空中抛送
空有一片寂寞的海
空有一片寂寞而灼热的蔚蓝
空有一片恹弱的冷雨
一片深沉的乌云

下一秒　下一秒
人生有多少炽热的暑夏
下一秒　下一秒
人生有多少凋落的寒冬

下一秒　下一秒
慢慢地走近静谧的殿堂
孤寞的心情没有人懂
孤寞的琴弦
也并非人们想象的那么凄美

听 风

斜照的独角里
一只麻雀在麦野里无趣地叫
在讲　那远处风中　我不知道的逸事
我只有微醒时
吹吹风　听风言风语中放肆的对白
感受那另一世界的孤冷与温情

星辰对语

谁能解放我悲愤的情绪
谁能解救我沉痛的内心
那空荡的星空　没有答复
给了我一个更加悲催的理由

给了我一个更加悲催的理由
那空荡的星空没有答复
谁能解放我悲愤的情绪
谁能解救我沉痛的内心

心 门

轻轻地推开一扇门
你的内心便暴露无遗
深夜里听你甜甜的私语
你的话语　原本那么甜蜜
轻轻地掩上一扇门
你的内心被关在凄冷的雨里
所有的伤　所有的痛　只有自己知晓
回首辨不得是扶桑的月还是绵延的山
浮潭的梧桐向我投出一声无奈
我怕在冰雨里　猜不透过往的谜团
你那么甘愿地痛楚沉沦　究竟是为什么
为了那无比渴望而又得不到的她吗
为了那无可奈何而又撕不破的灵魂
栈道随雨发出了一声更可惧的尖叫
冷笑我一无所有　不切现实的梦境

流星雨

——祭奠逝去的爱情

我看着你
看着星星
看着雨
我　抓不到你的手
抓不到你的声音
抓不到你的影子与呼吸
多年前的分离
是夜　很冷
天空下了一场谢幕的雨
多年之后的自己
还坚守在那个夜里
看　你喜欢的流星雨
划过　属于我的那片天际

笛子新诣

我不爱
去大海里揣摩生命的奥妙
我不爱
在山野里思索幻美的仙域
更不爱
到城郭里思虑商业的契机
我只想
在窗前安放一盏长明的烛台
我没去过帆船酒店
不爱富贵与纸醉金迷
我没登过珠穆朗玛
不懂生与死的艰辛
更没想过穿越时空隧道
带我去梦境里的理想家园
太高太远的巅峰
都成了高手去争的格斗场
太长太长的理想
化为平淡更为合适
我不爱
现实前没有边缘的畅所欲言
我只想
无欲无求　置身于近乎完美的梦境

向上的执着

片刻的迷茫开启了新的梦想方向
那是一份向上的执着
不需要低微的杨柳去感动
不需要高傲的紫杉去同情
不需要夕阳用伪装的脸去怜悯
生命志在乘风破浪　迎难而上

可能　失意的困境　只为了辨别对梦想的坚定
把含笑的莨菪搭在唇上作胡须
这一路只有被伤害与各种各样的打击
也许这一天只有失败与无言
也许这一切的努力与奋斗总有一天会被历史所泯灭
但我也会去拼尽我的一切　用赴汤蹈火的执念
而决不会在梦想面前退缩　轻言放弃

思绪的绵长

今夜　不能成眠
我的思绪　无比绵长
那比常春藤与狐仙草还要绵长的绵长
那比特洛伊的远征还要绵长的绵长
像赤烈的金属块　嵌入我的身心

今夜　不能适意
我的思绪　无比悠长
那比负着苍穹还要悠长的悠长
那比记载的历史还要悠长的悠长
像一种恶咒　嵌入我的心底

驶向梦境的船

我驾驶着心灵的小船
像只躺在碧波里的漂流瓶
心里装着封着甜蜜而无人知晓的粉笺
驶入月光洒下的地方
驶向万花簇拥的翠嶂
驶向香气逼人的绮窗

暂住吧　碧波流淌的湖水
暂住吧　那无影无踪的时光
暂住吧　那无比轻柔的美景
我想在这儿做片刻停留
想透过这迷雾似的窗帘
遇见那双水灵灵而含情脉脉的眼睛

荷面

碧衣绿裳的池塘
乱风席卷着几片荷叶
红鲤鱼不时吐出水泡
白鹭野鸳不时叫醒着春夏的宁静
远处戍守着历朝历代的陈幽古亭
一滴水　只是摇曳了几下
这镜中物
将碧亮碧亮的池水照得比那天空还遥远
荷箭伞还未打开
神似一个女郎在池中对我盈盈地笑
我不住地找　在哪里　在哪里
水里如果是荷花　她也像燕子一样
带给别人带着傲慢与偏见的眼光
自己却一无所知
我慢慢相背而离
荷花景再美
不过随性之作的花楼歌台　供以享受罢了
不是吗
那湿润的脸颊　无瑕的对这光景
笑了笑　希望她们不要全部做了冬铃鸟[①]

---

① 传说冬铃鸟是严寒的冬日中一种十分漂亮而且善歌善舞的鸟。有一次，它独自来到一块空旷的雪地，十分寒冷，它熬忍了一夜，心中想着第二天白天建一个巢。第二天清晨，它无意的歌舞带来了森林中其他动物的赞扬之声，于是到晚上它又独忍严寒，到第三天如是这样，第四天冬铃鸟被冻死了。

当我走过

你不用再为我赞美
我曾经救过的幼驹
你不用再给我安慰
我那痴情深意的眼泪
我只是照上帝的安排与指示
为深夜的更夫
燃一支光明的笼烛
爱情之外
修一座坚实的堡垒
使滂沱大雨的地上
留一串抖颤着的
纠结过的凝结的正确的脚印

希望之声

每当落日遮住了眼睛
每当寒穹熄灭了光明
我都会问
海的距离究竟有多远

也许只有一山之隔
也许就要云开雾散
只要自己竭尽全力
去拼搏　去攀登
相信成功　总会来得特别突然

最美的花瓣

那一天　我托起你的脸
娴雅的你像朝阳下的水仙
你那剪水双瞳暗含着
别样的忧郁与光艳

我惊异　你是上天派来的仙子
要你陪伴在我身边
我的心灵　从此有了巨大的慰藉
你的谈吐　轻轻地叩开了我的心门
你的神态　渐渐地噙走了我内心的灵魂
多少年轮已现
我心上最重要的人呀
你的一颦一笑
仍是我心头最美的画面

蝶恋花·定情信物

花蝶是红蓼发给夏荷的定情信物
把翅膀夹起的暧昧情话
一句句　一页页
给它看　给它读
那柳絮是碧波中绿藻的无限遐想
遐想这位闺蜜情郎的一篇篇　一幕幕
你总在我的肩头　落下　轻轻地耳语
你追逐在我梦中
留下一个狠狠的恨字

失落的沙洲

斑驳的轻舟
任随波逐流
青春是一片
愈演愈烈的海

海岸线

森林渴望把身影扩张至大海
大海期待将用身体吞噬了森林
只一条海岸线
只一条海岸线
扼杀了大海的贪婪
森林的狂妄

大海带来了台风与潮水
起了一层更比一层高的波澜
森林刮起了狂风下起了暴雨
做了一次又一次鏖战
只一条海岸线
只一条海岸线
断送了连天的灾难

夜蛾子

树叶挂在有淡淡蛛网的墙角
想去摸
它却飞走了
绕着白炽灯
做任意的回旋舞
事情原本就是这样
不要把自己的想法太当回事儿
事态要看清楚　认明白了　再去做

你侬我侬　天鹅踱步在半江瑟瑟
把头浸入神圣而凉爽的小渡
为青春点一首嘹亮的歌
我的心伤　我的泪水
是否还有人记得
我把过往的记忆
镶刻在礁石上
等着海水淹没

吻醉了

明月吻醉了
躺在被灌醉的星河
太阳吻醉了
匿在乌云的被窝
雨涟涟的夏日
柔曼的轻纱影映着小河
悄无声息
野蔷薇与凌霄花也互相祝福了
泉水吻醉了
来船头聚成小河
你们吻醉了
我只直愣愣地看着
风中　鹞鹰　狂妄者们
在穹苍打着诳言
戴上神圣的花冠　青春由不得得过且过

海的女儿也许正乘着翱翔的大鹏鸟
它带着沉甸甸的翅膀
在街道的拐弯处
曾记否　拍拖时我们的舌头互相游泳过
明月泻光　板桥磐石上只挽留住了条条淙淙细流
水　你以女人们的柔情　牢牢盘踞着我的心
爱也错　恨也错　这一情种到底是为了什么
爱恨远了　你走了
这个世界　还留下了什么给我呢

骑单车打江边上过

骑单车打江边上过
几只遨游的白鸥们
红红的喙　锋锐的爪牙
引我到花繁叶茂的羊肠小道上
在我肩头脑后的上方
任意地回旋着

骑单车打江边上过
火车轨道被绿芜步步侵没
河旁茂密的芦苇荡啊
翠绿的古柏　辟邪的庙宇
宁谧地躺坐在瓯江的一旁

骑单车打江边上过
江边的矿物页岩　五颜六色地散落
商舶在鸣笛　码头在运货
当我匆匆地骑单车走过
突然发觉自己是多么多余
这美景不属于我
我也无法装饰媚姝的梦
哪怕一刻

骑单车打江边上过
大风车悠哉地旋动着
让风吹动着衣领
彼岸在对面的岩崖上
问那生活到底是七彩的　还是凄惨的

执着的蓝天

我的手中有一条线
线的另一端
是光明和爱
是希望
是执着的蓝天
像一对温柔而勇敢的翅膀
载着朽木不可雕的我
飞过层峦
飞过山川与河流
飞过麦场　蝴蝶与白帆
飞上执着的蓝天

落白梅

那春天里飘落的芳菲
我噙住眼泪
不忍对你讲

狗鱼恋

你是只生活在陆地的小狗
我是条劳碌在水里的小鱼
虽然周遭的环境把你我拘束在两个世界里
可机缘却让我们在爱的缘分天空相遇
就像蔚蓝色蝴蝶的两片翩翩轻羽
永远用相同的姿态黏吻在一起

那一刻
我又重新相信了爱情
重新收敛了心情
向半途而废的峭峰攀去
不论狗是否只想舔水止渴
不论鱼儿是否只为了乘兴跃起
日日思君不见君　共饮长江水
只愿君心似我心　定不负相思意
就算一生只能有这一次牛郎织女般的相遇
心已足矣

爱你的心

爱你的心
仿佛江面上一朵普普通通的浪花
不会太清澈
也不会太明白
只愿你真心地跟着我来
你会看到
背后是一片藏匿许久的倾心之海
爱你的心
仿佛湖泊上一片简简单单的沙洲
不会太富饶
也不会太慷慨
只愿　你实意地跟着我来
你会看到
我在这片沙洲里对你满满的爱

最美的爱情只在一瞬

你曾说过
最美的爱情只在一瞬
最美的爱情只那一瞬
可那一瞬
便在我的心头
化为永久

你曾说过
最好的结局就是放手
最美的结局就是放手
可这一放
便在我身边
增添了永远无法愈合的伤口

结 尾

好的开始
也要有好的结尾
无论结果多么糟糕
都需要用一个笑脸面对
人生的路
充满了坎坎坷坷
坎坎坷坷　人才会明白
才会成长　才会珍惜
才会迂回和逗留
不要在意那不堪的结果
有时　最重要的
只是那美好的过程
曾经的拥有
而回忆　回忆
它珍藏着自己最美好的相册
虽然只能在心里默默翻读
可那历历在目　最清晰　最美好的画面
却依稀仿佛在昨天

没有主题的画

你是那一幅没有主题的画
打印在纸上烙在手心里
打印在衣裳烙在胸口处
打印在脸上烙在眉头上

我是那一条没有目的的舴艋
漂流在海烟随波浪浮去
漂流在壑溪随流水游移
漂流在花下随雨露清醒

总把你比作凤鹰喻作蜻蜓
轻轻地猫吻了我从未绽放的荷箭
那一秒　生命绽放了我那内心包裹的花头

但随着风儿徐徐逼近
才发现了自己
一直活在没有你的空气里
也许正是这太多的相思与惦念
所以所有的痛
都会淡化成美丽

曾 经

曾经的西风
曾经的你
曾经的我
脑海中印出那两个字——回忆
回忆的最后
依然是你
依然是你的笑
和你的甜蜜

曾经的我们
总是把爱埋在心底
悬崖边上的相遇
怎样才能够继续
那时候的你
贪恋着我的笑
而我却全然不知
不经意地把最美好的东西
轻易地散落在风里
当我回心转意
你却注定要走
月光洒在西风廊上
却印不出那两个字——回首

冰与火的青春

我们都有一次冰与火的青春
爱恨的交织
命运的缱绻
一切的幸运与不幸
等着我们去辩解　去剖析
我们　也总有一次
冰与火的遭遇
融洽的微笑
青睐的眼神
最终抵不过命运的捉弄
等着我们卷土重来的是收拾残局
在那冰与火的青春里
有欢笑也有温馨
有浪漫也有伤心
有痛楚也有阴霾
有按捺不住的笑
有伤心欲绝的痛
也有爱一个人奋不顾身的冲动

新诗里

歌声停止了叮咚　叮咚的声响
花儿笑谢了
美好　美妙的模样
向外眺望古墙暗径
也许正在那梦寐以求的心旁
蝴蝶翩然飞去　那刻画入微的身影
伊人失去了这甜蜜迷人的脸蛋
于是又有了费解的问
于是又有了那扰人的答
只想把对姑娘的所有心思
埋掩在厚厚的本子里
请你拦去那敲门的声响
不要去打开它

回　响

悠悠的谷底
翠鸟聆声　正等待回响
淙淙的瀑布
涌入了悬崖　正等待回响
暗暗的溶洞里
岩壁布满　群群蝙蝠
发出超音波　正等待回响

早晨的风

早晨的风
吹醒了休息的衣裳
是从河里跳跃而来
又至茶杯里暖过身子
也许是它听懂了时间的号令

早晨的风带去了所有的过去
是从伊甸园里开放
又回山野里纵舞一憩
也许它明白了
现实　已毫不犹豫地打开了窗

岁月的渴望

小时候　我渴望长大
幻想长大后将多么地美好
长大后　我渴望小时
幻想小时候有那么多甜蜜
上帝严厉地告诫
不要有这样无用的胡思乱想
噢　可能是因为您从没有这样的愉悦与欢欣
也从未有过那甜滋滋的美好感觉
才会发出这样残酷嫉妒的训语吧

一个人的世界

没有花香
孤独的种子
照样可以芬芳
没有伊人
浪漫屋里的风光
照样是那么美妙
一个人的世界
并不属于笼统的常人
可以冥想的那种
曾经　喜欢我的星星因为我爱着的月亮
离开了我的琼楼玉宇
后来　我爱着的月亮因为守住的实墙
离开了那方冰川库房
太多花枝招展的鲜花
反而让我那汗青色的春笋
在阴影的走廊里看不见太阳
一个人　只有完整彻底痛过那么一回
才会从昨天清醒
一个人的世界里
尽管只有凄冷的院　寒冷荒芜
萎靡也照样没有枯竭沧桑
偎着爱人的肩膀
看着来回的过客
一个个清晰的年轮与模样

落下的叶

孤单的树叶
顺着兰花瓣
一片一片地落下
过程是那么地轻盈
一颠一跌
仿佛春日阳光里的白帆
写满了秋高气爽的失意
没有爹爹用双臂保护
哪怕小小蜂虫
都会让我受到重伤
没有妈妈温暖的怀抱
世界到处都有酸楚
生命每一丝都写满了愁绪
都充满了冰冷
都填满了哀伤
太阳公公的脸庞
倒影在唯有白地板的阳台
好失望　好心酸　好沉痛
孤单的我
顺着孤单的围墙
一步步地闲逛
天空无限晴朗
却压制不住胸中的沮丧
在空荡的房

过 去

假如梦里没有你
请相信
此时伏案的我
决不会在凝眸落涕
假如梦里没有你
请相信
此时鬼混的我
决不在这功败垂成的时光里卖力
喝着西北风
可即使梦中有你
也不可能会让我的心灵付出如此的辛苦　劳累与心伤
假如梦神告诉了你
我如何鬼鬼祟祟地爱你
请不要为我多虑　去关爱保护自己吧
就是对我最好的回报　最大的关怀
我爱你
尽管只在恰如其分的过去
假如梦里没有你
请相信
此时我
决不再凝眸落涕
可是梦中的你
时间越久　距离越远
它就越活灵活现　越清晰

你是我幻想中的天堂

玫瑰开在荒野
郁金香落在青藤上
美丽的公主
请来摘一朵欣赏
你应感叹天地的造化
而不是我的芳香
开在了你的羽衣霓裳
你像一朵靓丽大方的芙蓉
在山野中舞蹈
大自然为你配音
风儿为你鼓掌
我是一棵沉默的小白菊
只有满腹的忧伤
只有满目的惆怅
因为眼前这只如此美丽的凤鸾
我的颜色也开始变得美丽大方
就算作为一只黄雀
能在你美丽的行程里
添加一道小风光
我也心满意足
因为
你是我幻想中那神往着的美丽天堂

错爱

错爱一个人
不是她的错　也不是你的错
错就错在
太注重结局
错就错在冥冥之中
老天有意无意的荒诞安排

错爱一个人
不是她的错　也不是你的错
错就错在
爱或不爱
只是内心的选择
别人的错
也许解释了之前更早的错

错爱一个人
不是她的错　也不是你的错
错就错在
又不是一对
却要如此黏合
不该在一份爱里　却要相互折磨
放弃了面前的小溪
才能找到海的踪迹
放弃一抹残白
才能观赏整个夜空
爱情　放得下才能拿得起

爱错一个人
是一个人一生中最大的不幸
也是他（她）一生中最大的幸运
它让人明白了真正意义上的爱
向前看
性格变温和　心儿在放开
事儿更清楚　人儿在成长

霍比特人——意外之旅

清新的草蔓　碧色的河水　健壮的奶牛
那是个花儿围着的小木屋
那是个自然传奇的诞生地
密集的丛林
铁色的雪山　初升的太阳
带着血色的精灵宝剑
杀向远方的恶魔凶兽
在绝崖峭壁上
我们选择了生死与共　永不分离
在巉岩瀑布
我们决定了前进　永不趴下
在洞穴魔坑里
我们决定了拼搏　争夺未来
在绿色森林外
我们扑扇着翅膀　展翅飞翔
是勇士　在恶狼面前不怯　激射火浪
是英雄　在虎穴里面不退　杀出重围
相信黑暗之后
永恒的阳光会消噬每一场灾难

飞 虫

命运总是要徘徊
徘徊在无知的巷口
我不该在温暖里留恋
我是远征的神鹰
向着远方的天空
不论晴天还是雨季
我有自己的方向
自己的方向　片刻不容停歇

人生仿佛是在梦境
梦境里有太多的彷徨和无奈
我不能在阳光下停息
我有飞鸥的臂膀
要飞过辽阔的海上
跨越宽广的太平洋
我有自己的任务自己的理想　片刻不容停歇
我不是那草丛中
飞来飞去的飞虫
一生一世唯一可做的便是寻觅一个完整的家
我不必在那温和的暖阳中停留
我的心中
是更远的山川大河　城岭　平原
我要挣脱拘束　欺辱　跃空展翼
像一只雄鹰那样
绕着太阳跳凌空舞
回首看着香兰子丛中那一群飞虫

嗡嗡嗡　像一群想要怒放的生命
但当你落寞时讥笑
成功时奉承
我也早已看惯了
永远活在自我奚落与恃才傲物里
目空一切的你们

爱过，走过

天下有多少值得爱的女人
我们却只能擦肩而过
世界有多少不该爱的自私自利女郎
我们还是无时无刻不追着

看透了男与女的痴缠
对与错的纠纷
饮酒乘舟　一笑而过
过去的甜蜜也好　苦涩也好
只要我们也真心实意地爱过就够了

昙 花

月儿露出了久违的笑脸
蟋蟀晕厥地奏乐
卷叶旋着舞裙悠悠落下
门窗两旁
昙花闪着蓝洁闪亮的光芒

生命中只有那一瞬
生命间只有那一瞬
不久便让风波从枝叶上减去
萎靡在凄凄院里

但它无悔地绽放
羞涩的朵儿
藏在枝叶的倒映下
但它不悔那一瞬的美丽
对着清夜　对着井泉
对着天高云淡与月空

吸血蝙蝠潜入深夜　觅着人畜
响尾蛇攀上枝头　向着雏鸟
蝶儿身藏在昙花蕊瓣
夜风吹散了根和叶儿的情意
一瞬间　惊艳美貌
便被时光抛弃

梦里徘徊

深深的梦里深深的夜
深深的徘徊
梦里依旧见你的微笑
像世间最美丽的花朵
梦里依旧见你那张脸庞

你送与我的只有痛
却把最美的春风送给他人去摧毁
回忆里流动的除了遗憾的泪
只有那不时颤动的伤心
当初对你的爱　对你的好
是多么不值得

我在梦里徘徊
梦里徘徊着浮藻无味
驾着那扁扁的木舟
夜空寻觅理想的亮星

潜水的游鱼
看不到　摸不着
只有绿壳的水鸭蛋才有它们的味道
静静地睡下
任清风把舟桨在静静的碧湖里吹荡

无与伦比的美丽

晴朗的天上
有半轮光彩的上弦月
大颗大颗的水晶石儿
挂在触手可及的空中
地上的诗人
信步在璀璨的阳光下　寻求灵感
边歌唱　边落脚在乱花丛中
这是春神给的期许
期许这无与伦比的美丽
蝴蝶飞过伊人的裙带　绣花鞋
她美丽的俏颜在微笑中更美丽
海岸线上
森林的木屋
我轻吻着你的手
行绅士礼
你看着我微微一笑
我对着你微微一笑
这是心的期许
期许这无与伦比的美丽
天上风筝在天上飞
地上人儿在地上追
你我相偎在这里　只有蓝天和白云
你望我我望你
这是梦的期许
我愿诚恳地双手合十　闭上双眼
祈祷这无与伦比的美丽

没有她的夜

我渐渐地学会了忍受
接受现实
现在那些爱情的存在
早已不再重要
命运使我全部身心扑在生活　工作
匆慌中忘了那人是谁
不知回头她是否记得起我来
不知今生能不能再做普通朋友

我慢慢学会了长大
爱情不再是我的唯一
我慢慢地学会了面带笑容
向着光明前行
在这没有她的夜里
我不再感到伶仃
也许是那颗心也开始变得坚硬
也许是苦难中学会了坚强

树 叶

无法凝视那冬日的枝干
无法眺望那山岳与涧壑
告别香气四溢的田野
飞向更遥远的天穹

我是片没有主人的孤叶
我是一个没有情愫的偶然
在漂泊的路上辨明了方向
在独自漂泊中学会了坚强

不懂人世的是是非非
我　渐渐地有了自己的立场
不谙世故的争夺抢斗
我　缓缓地有了自己的原则

在地上
我不做任意的飞翔
我不做没有目的的飘扬
在心里
深埋自己的理想
我有了自己坚守的地方

爱的避风港

风很冷　心上人不在
一个人在深夜
凝望星辰
是盼望
是无望
是绝望
爱也好　恨也罢
只是没有放下
无限泪水
是缠绕
是牵挂
是痛彻心扉

英仙座的流星雨

英仙座[①]的流星雨
北半球才能见到
感情之泪的错误交集
回顾之余才觉得美好

① 英仙座：新八十八星座名之一，传说时常会有流星雨。

冬天的风太凛冽
总在会晤的边缘绕啊绕
请允许片刻的情感停留
春风归来　马上启程

总想问苍天
在你的记忆里
我的模样
也许你也同样恋着　却不敢言
也许我就那样不堪入目

请允许在爱的避风港里
片刻停留
你不必讶异
更无须惊奇
转瞬间
便会消失在看不到的星际
就像雪花
落于手心
消泯了存在的证据

匆匆那年

那是见证我们
从相见到分离的树
落单的枝头
北风凛冽地狂吹

他流泪
直至眼眶被冰封住
再没流下一滴
他守护
直至青苗由青变黄
由黄变至黑枯
一同走过的路
矮窄的泥巴小径
依然那样孤独
也许有
千千万万对恋人从开始走到结束
也许有
寥寥可数的恋人能够白头偕老
问世间
谁能一生一世爱一个人
无论天荒地老　地老天荒
永不变心

匆匆那年
我们在生命中邂逅了
在这里
从相遇　相恋到漠视
无意中的冷落　割舍
我们都没守住对方
我们都没给予原谅
我们无缘
只因我们太一样

那是曾经我们一起许下的诺言
也许说出无比容易
可谁又能如约做到

匆匆那年
我们如此地惊慌
你有你的学业
我有我的著作
谁也没能多看彼此一眼
谁也没能多信对方一点
就像十字路口相遇的过客
你有你的目的
我有我的方向
曾经停留在同一道斑马线上

也许那个时候
本不该有爱情
可能经历考验
才能看清彼此的模样
两朵单纯的花
却不能走在一起
两个相似的人
却总要劳燕分飞
那是《同桌的你》
里面甜美的爱情记忆
可是那个曾经的《那些年》
早已落下帷幕

在沉痛中作曲
在忧郁里题诗
用曾经那份真诚的爱
把过往的漆黑深夜
渲染光亮　散满星辰

梦湖·凯瑟琳

莲花带着那份清凉
怡然　馨香　柔美
你我荡漾无遮的小船
吹笛　戏鱼　游荡

轻轻的风吹羞了粉色的脸颊
太阳也似红了脸
隐蔽在了皎洁的云里
腼腆的湖水
让晚风波光粼粼地吹荡
梦中的水域
何时栖息了鹦鹉与鸳鸯

独角戏

我渐渐地觉得自己是个笑话
天大的笑话
爱情当中
一直是自导自演的独角戏

我们并非爱过
那只是一个人暗恋　单恋　相思的结果
爱情并非如此

一个人模模糊糊地从一座城市辗转到另一座城市
陌生的城市
想让人哭
渐渐地看清了从前所有的硝烟战火　爱恨情仇
我们并非爱过
我们并非爱过
那只是一个人暗恋　单恋　相思的独角戏
那里面没有你
那里面到处是你的幻影
怪只怪自己用情太专一
追求那不可能的扑朔迷离

理想的天空总是那么美丽
但越是幻想现实就越残酷
离别的岁月里我逐次翻忆过去的一页页　一幕幕
明白了当初你为什么恨我
为什么跟与我同姓的人走在了一起
为什么后来做什么事你都不会心动

你那样对我
你对我也许不曾有爱
但你对我至少有过情
可内向的我
沉默的你
谁能猜出对方的谜底

披着狼皮的羊

这个世上有太多
披着羊皮的狼
而我愿独做这一只
披着狼皮的羊

推开心扉

一

推开心扉
爱似一湾涌动着新渠的源泉
让我感动的久违的栀子花香　凌霄花美
舫柱变成了中流砥柱
在炊烟渔歌里破镜重圆

推开心扉
樱花下的稚童
噙住眼泪
似乎有颇多感触
却用沉默来替代了一切
牡丹依然红粉妖娆
桃李仍旧洁白妩媚

推开心扉
我原以为又见到了燕子
只是那莺歌燕舞的寒食飨宴上
似曾相识　燕归来　无可奈何花落去

二

推开心扉
我渴望着花海般的天空
推开心扉
我渴望着冰雪般的宁静
推开心扉
我看到了花海般的狼藉
推开心扉
我感到了冰雪般的阴冷

佚 题

我愿和花儿一样惊叹你含苞的倩姿
我愿和月儿一样聆听你腼腆的言语
我愿像风儿一样吹过你的身旁
拂撩你的发线
并轻轻地凑向你内敛而羞涩的眉额上
你的世界像一个秘密的多宝箱
藏匿着你的所有甜蜜
我像只机敏的锦鲤
穿过那片水底的殷墟
在那片被珊瑚礁所腐蚀的舢板旁的海湾里　觅到了你
我想那打开秘密的钥匙
就在你扑朔而迷离的眼神里

我像艘缓缓行驶的潜艇　靠近　靠近
触碰你的静谧　静谧
直到同时也引起了你的注意
可他又若即若离
因为我害怕开始
而青涩的心
平添了不少伤痛与泪滴
我害怕　我害怕过程
害怕那笨拙而愚昧的小心翼翼
怕刺伤了你
可是我明明很喜欢你
所以更害怕从来都没有就已失去
我愿和鹿儿一样陪你
去看原始森林　去看草地
我愿和百灵鸟一样
陪你去聆听琴弦　筝瑟埙笛　笙箫缶竽
我愿和雨儿一样陪着你
触摸那街角肆集　满城柳烟
我愿和萱草一样陪你
去闻异域的芳菲
开放在某个春天的角落里
我更想和上天说一声谢谢
谢谢你让我在万千海螺贝壳里找到了砗磲似的你
在明媚的阳光下观赏包含你的洁白珍珠
并在翠绿摇曳的海椰子树下——静静地吹响你

我 们

我们是如疏星与浅月一般的相遇
相遇之后
便泯灭了自己的光芒
在那片世界里
我们是如海帆与暗礁一样的相遇
相遇之后
便互相沦陷　沉默
凤鸾在天堂的庙殿翱翔
蜈蚣在地狱的堂宇匍匐
在这不期而遇的简笔画册里
我们偷偷地窃走了对方的颜色
却不知在不经意间已经点缀了对方的心
不管有多少孤寂　多少落寞
至少我们的心相互依偎过
我想在天涯海角　山川或河流上呼唤　我爱你
我想用一生一世去记住你
哪怕我们又如海岸线上的陌生船只
不期而别　亦不期而遇

寄佳人

你静静地在夜色里说了声不适合
在那灯火阑珊的夜里
那仿佛是撒旦的魔力
末日的最终宣判
我不知道在你的世界里
什么是适合　什么是不适合
还是因为你的心中
早已有了另一个他
我只是不堪地一笑而过
因为我懂得
在你的世界里
我只会是来了又去
去了又走的过客
我曾千万次问我自己
为何轻易抛去
明明恋恋不舍
可是另一个自己告诉我
放飞心系的燕鸽
又何尝不是一种解脱
再用自嘲的笑来诠释自己
自己又能去做什么
花了多久去憧憬
花了多久去怦然心动
花了多久去踟蹰
又花了多久去决定去追逐
或者相思　或者留恋

而你仿若身处梦魇
竟全然不知　全然未晓
也许在这星星般的渔火里
未曾有过你的一丁丁感动
我那一片死寂的冰封已久的心
用浅笑一带而过
我们就如星空下的街道
从熙熙攘攘　络绎不绝的人海
从不同的轨迹　异域的穴窠
就这样　没有生息　没有接触
更没有任何在意地擦肩而过
今夜　我独自端坐在墨色的黄浦江边
坚忍地和你说一声别过
但不知多少岁月
流光过隙之后
你是否会想起
有一个男孩
从你的世界可笑地走过

星愿·爱你

在那本作业本上密密麻麻地写满了我爱你
但风儿还在任意蹁跹着这不可能的自己
在下坡路上　我承认着自己的一败涂地
那满满的爱意其实只是一声接一声的叹息
我在静谧的讥笑里这样告诉自己

遂折一千只千纸鹤送给你
心愿如彩色的粒粒五角星被封禁在漂流瓶里
渴望上天使我许下一次夙愿与一次允诺
我愿用自己青春所有的幸运与名利化作一座石桥
只愿能如佛祖弟子阿难[①]那样默默等待与守护着你

---

① 阿难：释迦牟尼的弟子。传说阿难因爱上一位人间的姑娘，遂化为一座石桥，为对方整整守护了五百年，只为了心上人能从石桥上走一次。

《大话西游·月光宝盒》感悟语

当时光慢慢走过
我才发现我们只是过客
我渺无目的地走过
你若无其事地遇见
我们之间
为何只是过客
我靠近
听不到你倾诉的声响
我回眸
看不到你缥缈的身影
如果人生可以倒退
我们可以重来
我发誓从看到你的第一秒开始
就义无反顾　一心一意
赌上一切地去爱你
去亲口告诉你

这辈子
我欠你三个字　我爱你
到最终
你还我三个字　我恨你
如果有机会
我想用我的一生一世　生生世世
一千载　一万年
去疼你　去爱你　去宠你
去呵护你　去保护你　去告诉
我——爱——你

情人节的玫瑰

那一天
我踏着欣喜与狂热
在花店择一束代表爱意的赤灼玫瑰
翌日
你回绝了我的所有奢望
我承认了当日的鲁莽与笨拙的爱
也承认了面对感情时不够坦率
我的伪装与掩饰只是为了自己不受伤害
却不知
刺猬一样的自我保护色
已在无意间伤害了你我的爱
我曾用天涯海角的自我放逐来逃避所有的问题
可愈是逃避
愈是遇见了更多的麻烦
我曾用抛却一切隐逸山林来获得仅有的庇护所
可愈是抛却
愈是收获了冷寂与空虚
那时候
每当我对着孤冷的夜
唱出那首《大声告诉你》
可那遥远的星空与黑夜
只有冷冷的回忆
我在这冰冷的回忆里度过了无数的春秋冬夏
这世界
好似一座缄默的城
而我的心

仿佛一片落寞的海
这诗句
本想着离别时折成纸鸢来馈赠与你
在这冰冷的夜
仿佛又聆听到了你当初的声音
我们都很好
只是彼此不合适

幻梦情思·伤心日记

我不再执着
也不再留恋
我只是迅速地即兴浏览
那简洁的画面
那情愫的缠绵
仿佛曾经相遇
而后全然不见

我不再彷徨
也不再犹豫
我只是并不刻意的几句安慰
不记得当初的梦呓
不记得过去的怀念
我只是不愿睁开眼
去看你的脸

予丽人

爱你的时候
泪雨滂沱
离开的时候
黯然伤神
对你有过多少执着　多少留恋
可那终已过去
你执意要走
我无计去留了
我们之间的天空
隔着遥不可及的星穹
我不再恨不能和你一辈子相濡以沫
怪只怪　自己还依然爱得不够
与其给你希望让你难受
不如放开手
让你了无牵挂地走

花心册

我好似是一只多情的鸟
在熙熙攘攘的角落里不住寻找
你说我好似一头花心的鹿
在荒芜僻静的平原里不停奔跑

你的心蹦蹦跳跳像一只小兔
在树懒的回忆沙漏
去隐瞒去逃避　去服输
你说你好似一条关在鱼塘的锦鲤
在亲吻之后
就回避在了相似者组成的情感世界里

你说好马不吃回头草
还讲兔子不食窝边草
但却可爱而又错误地认为着
何为马　何为兔　何为草
我还在隔阂的狭窄空间里不住挑战　寻找
你和别人一样不在乎我的内心
只在意外表

后记

我写这本书的初衷应该从初一时说起。那天下午，刚刚上完第二节电脑课，我最爱的女孩，一个名叫燕子的姑娘，突然收起了长久以来对我的冷漠与无情，笑面相迎地跟我谈起了关于我第一本小说的事情。而我从她的言语中也听出了，她很想要那本书，但当时书稿只有一本，且被我的外公送给了班主任，于是我默默在心中发誓，有机会一定要为她写一本书，就当是从来没有给予过她任何东西的我，送给她的一件礼物。而那件礼物，就是这本书——《冬天的秘密》。

我想借此书，向她袒露心声，告诉她：我喜欢你。虽然我外表善于隐瞒，表达也很含蕴，但我仍想将那个“冬天的秘密”写下来，送给你。

2017 年 9 月 23 日于嘉兴市乌镇